Astrología

PARA TU

bienestar

Astrología PARA TU *bienestar*

Una guía personalizada para proteger, nutrir y desarrollar tu energía vital

MONTE FARBER y AMY ZERNER

Título original: *Astrology for Wellness*
Edición: Carolina Genovese
Traducción: Javier Raya
Diseño de portada: Elizabeth Mihaltse Lindy

Coordinación de diseño: Marianela Acuña
Armado: Florencia Amenedo

Publicado en virtud de un acuerdo con Sterling Publishing Co., Inc.

México: Dakota 274, colonia Nápoles - C. P. 03810
Del. Benito Juárez, Ciudad de México
Tel.: 55-5220-6620 • 800-543-4995
e-mail: editoras@vreditoras.com.mx

Argentina: Florida 833, piso 2, of. 203 (C1005AAQ), Buenos Aires
Tel.: (54-11) 5352-9444
e-mail: editorial@vreditoras.com

Primera edición: octubre de 2019

ISBN: 978-607-8614-99-8

Impreso en México en Litográfica Ingramex, S. A. de C. V.
Centeno No. 195, col. Valle del Sur, C. P. 09819
Delegación Iztapalapa, Ciudad de México.

Créditos de imágenes: iStock: comotomo: 149; Shutterstock: Eisfrei: cover, 92, 109; Reinke Fox: 138, 140, 142, 144, 148, 151; Christos Georghiou: 136, 137, 141, 145, 150; imaginasty: cover, 128, 133; Alona K: 72, 86, 118, 127, 152, 172, 180; Le Panda: cover, 9, 10, 11, 15, 110; mimibubu: 152, 192; Benjavisa Ruangvaree: vi, 134; Gorbash Varvara: cover, ii, 16, 20, 71, 186

Índice

Introducción

El siglo XXI es la Era de la Energía. Sin embargo, a medida que las naciones del mundo se apresuran a desarrollar las mejores fuentes de energía renovable para vehículos, hogares e industrias, la mayor parte de la gente está cada vez más agotada. Los logros tecnológicos serán inútiles, a menos que también desarrollemos nuestra capacidad de renovar la energía en nuestros propios cuerpos, mentes y espíritus. Nos enfrentamos a un momento de estimulación constante y sobrecarga de información, y hay mucho por hacer pero tenemos poquísimo tiempo.

Hemos entrado no solo a una nueva era, sino también a lo que llamamos la "Era del Ahora", ¡en la que parece que hay que hacerlo todo *inmediatamente*!

Como consejeros espirituales con décadas de experiencia en el uso del lenguaje psicológico que es la astrología, asesorando personas de todos los ámbitos de la vida, podemos decirte que últimamente casi todos parecen estar sufriendo su propia versión de agotamiento extremo. Demasiadas personas están exhaustas, pero no pueden dormir y están muy abatidas por los "errores" que perciben como para hacer lo necesario para alcanzar metas razonables.

Después de décadas dedicadas a buscar los métodos más efectivos para vivir una vida de calidad, salud y sentido (desarrollando muchas de nuestras técnicas en el camino), hemos escrito *Astrología para tu bienestar* para compartir lo que funciona para nosotros. Te damos técnicas efectivas y simples para desarrollar y aumentar tu fuente de poder interior. Nuestro programa ha ayudado a nuestros clientes a recuperar su poder personal, a sanar y rejuvenecer.

Por supuesto, no somos médicos, y este libro no pretende sustituir el cuidado y consejo de ningún practicante acreditado que puedas buscar y consultar si respetas su opinión. Sin embargo, somos dos personas con vidas satisfactorias, razonablemente sanas y atractivas para nuestra edad, y nuestra dedicación, decisiones de vida y niveles de energía nos han permitido realizar una prodigiosa y constante producción creativa durante más de cuarenta años felizmente casados. Una producción que fácilmente podría parecer estar más allá de lo que dos personas podrían crear a través de varias vidas. Es una forma de vida. Y una parte importante de nuestro modo de vivir es compartir esos secretos contigo.

Hemos creado lo que llamamos "perfiles de personalidad", que pueden ayudarte a comprender tus rasgos únicos, para incorporar nuestras sugerencias y crear tus propios hábitos exitosos de bienestar.

La información en *Astrología para tu bienestar* está organizada de modo que primero te ayudará a evaluar tus fortalezas y debilidades. Una vez localizadas las áreas vulnerables de tu cuerpo, mente y espíritu, puedes realizar acciones para protegerlas, nutrirlas y desarrollarlas.

Te ofrecemos herramientas, orientación y ejercicios de energía para crear conciencia, echar a andar cambios necesarios y delinear formas de sanación, así como recomendaciones de sales de Schüssler, aromaterapia y guía de estilo de vida adecuados a las necesidades personales de cada signo solar.

Una vez más, no somos médicos, y no deberías hacer ni usar nada en tu cuerpo antes de preguntarle primero a tu médico de confianza. Somos seres únicos y esa singularidad se extiende a lo que nos fortalece, lo que nos debilita y a lo que posiblemente nos provoque alergias, especialmente si ya estamos tomando medicamentos de prescripción o incluso suplementos alimenticios.

Las prácticas útiles de este libro nos han ayudado a llevar una vida de calidad y sentido, y las compartimos con la esperanza de que también puedan ayudarte a ser consciente y disfrutar del viaje en tu propio camino, cualquiera sea este. Si bien el bienestar solía limitarse a los suplementos, la alimentación y la salud física, en estos días el movimiento se ha expandido para adoptar una visión más holística, que incluye nuestra salud emocional y espiritual, no solo nuestro estado físico.

Como astrólogos desde mediados de la década de 1970 y autores de varios títulos metafísicos influyentes y de gran venta internacional, estamos encantados de que el movimiento mundial que busca un bienestar óptimo ahora incluya la astrología. *Astrología para tu bienestar* contiene consejos simples y disfrutables (que nuestros clientes también consideran reveladores) que te permiten hacer pequeños cambios en tu régimen y en tu flujo de conciencia común y cósmica.

Nuestro objetivo es que tu mente, cuerpo y espíritu se sientan renovados, preparándote para enfrentar el resto de tu día sin las cargas y preocupaciones adicionales que, de otro modo, agotarían tus energías vitales. Consideramos que nuestra energía espiritual es la fuente principal de fortaleza mental, y que aprovecharla es la clave para vivir una vida feliz, consciente, amorosa y exitosa. Nosotros lo hicimos, ¡y sabemos, sin lugar a dudas, que tú también puedes hacerlo!

Hemos alimentado estos capítulos con enseñanzas sencillas que pueden producir resultados poderosos y que cambian la vida. Aprendimos muchas de estas lecciones en nuestros años de observaciones astrológicas, lecturas personales y estudios psíquicos. *Astrología para tu bienestar* es nuestro intento de transmitir información que nos ha resultado útil en el nivel más práctico posible: enseñanzas que nos han ayudado a enfrentar los problemas inevitables de la vida, a disfrutarla mucho más y a encontrar salud, amor y prosperidad.

Las prácticas en este libro son como la perla escondida, creada y descubierta como reacción a las irritaciones que nos trae la marea. Yo, Monte, comencé a practicar la astrología profesionalmente cuando abandoné el estilo de vida de músico, después de que amenazara mi salud y mi matrimonio en 1981. Este fue el período más difícil de mi vida y sometió mi sistema de creencias metafísicas a las pruebas más fuertes. Pero ahora sé que estos tiempos dolorosos, así como los años de adolescencia que pasé en la pobreza y sin hogar, también fueron algunas de las experiencias más valiosas de mi vida. Fue a través de enfrentar y lidiar con los muchos problemas de estos tiempos, que comprobé diariamente cómo las teorías astrológicas y metafísicas puestas en acción pueden tener resultados muy positivos, prácticos y físicos, incluso reparando lo que muchos podrían haber considerado irreparable. *Astrología para tu bienestar* se basa en lo que hemos vivido, estudiado y practicado.

Uno de los muchos resultados afortunados de mis investigaciones y prácticas metafísicas fue que me ofrecieron trabajar como asistente de producción para un programa de televisión pública en 1983. Un trabajo llevó a otro y pronto me vi como *scout* de locaciones. A veces estuve a cargo de la seguridad e incluso fui guardaespaldas para películas, programas de televisión y comerciales. Mis años en este negocio se hicieron aún más interesantes por mi avanzado conocimiento astrológico. Pude tener conversaciones con orientación astrológica llenas de perspectivas con las muchas personas fascinantes, tanto famosas como no tan famosas, con quienes trabajé estrechamente. Como les digo menudo a mis jóvenes clientes, si realmente quieres divertirte en las fiestas y mejorar socialmente, ¡no aprendas la guitarra como yo cuando tenía tu edad, aprende astrología y cómo leer las cartas del tarot!

Entre estos trabajos cinematográficos, desarrollé una herramienta simple pero efectiva para usar la sabiduría de la astrología como guía. Soy el autor e inventor de *Karma Cards*, un libro único de astrología combinado con cartas, tanto de astrología como de tarot, que ha ayudado a cientos de miles de personas en todo el mundo a ponerse en contacto con la orientación de su Ser Superior, al mismo tiempo que se divierten. Se ha impreso continuamente durante treinta años y se ha publicado en dieciocho idiomas. He recibido cientos de correos electrónicos de todo el mundo agradeciéndome por haber inventado una herramienta que ayuda a las personas a ayudarse a sí mismas, desarrollando su propio sistema de orientación interna de una forma tan placentera e interesante. Muchos han compartido sus problemas personales conmigo y han pedido mi consejo. *Astrología para tu bienestar* es el "libro de recetas" que deseaba poder ofrecerles a todos y cada uno de ellos como respuesta. Es mi forma de compartir la buena fortuna que he disfrutado.

Diseñar sistemas para compartir la sabiduría y el conocimiento que me ayudan a tener éxito en la vida también es una forma de recordarme lo que necesito recordar; pues no solo mi vida está tan llena de problemas para resolver como la de cualquier otra persona, sino que también, como todo el mundo, a veces me olvido de lo que sé que realmente funciona para mí. Por eso siempre he creído, y lo repetiré muchas más veces en este libro, que así como nuestros cuerpos necesitan ejercicio diario, todos debemos ejercitar nuestro sistema de creencias, aquello que afirmamos que es verdad, lo cuestionemos o no, todos los días.

Pero examinar, darnos cuenta y experimentar lo que creemos que es verdad, aunque es de vital importancia, sigue siendo básicamente un programa de ejercicios de nivel de mantenimiento. Para fortalecernos tenemos que ir más allá. Al investigar nuevas ideas que nos atraen o aquellas que han ayudado a otros en quienes confiamos y respetamos, podemos descubrir si estas diferentes formas de creer (¡y de vivir!) pueden ayudarnos también a ser más saludables, más felices y más exitosos, incluso en estos tiempos tan desafiantes. Leer y tomar en serio las enseñanzas de algunos de los grandes sabios, filósofos y maestros del pasado y el presente nos han ayudado a Amy y a mí. Cuando algo resonaba en nosotros, lo probábamos. Sabíamos que algo funcionaba porque nuestras vidas se sentían mejor y nosotros nos sentíamos mejor viviéndolas.

Una vez que decides que hay ciertas cosas de tu vida que deseas cambiar, debes ser honesto contigo mismo examinándolas cuidadosamente, así como también las razones por las que has permitido que las cosas siguieran como están. Como dijo el filósofo Gurdjieff: "Para sanarnos, primero debemos saber que estamos enfermos". Por lo general, puedes detectar áreas de tu vida que necesitan cambiar porque son fuentes de dolor, sufrimiento y, a veces, un tremendo aburrimiento para ti o para quienes están cerca y se preocupan por ti. Las cosas relacionadas con estas áreas no parecen funcionar bien, no importa cuánto lo intentes. Incluso puedes estar literalmente "harto y cansado" de "golpearte la cabeza contra la pared". Las palabras que te dices a ti mismo son poderosas y tienen influencia sobre tu vida.

Nuestro dolor también puede ser un reflector que ilumina las áreas de la vida que necesitan atención y trabajo. Y al igual que ese reflector, vamos a concentrar nuestra luz, la luz de nuestra conciencia, en esas áreas dolorosas porque esa es la clase de luz capaz de curarlas.

A medida que enfrentas con honestidad aquellas áreas de tu vida que necesitan trabajo, es muy importante que te hagas responsable por lo que sucedió en el pasado. Asumir la responsabilidad de tu vida es admitir que tuviste el poder de llegar hasta donde estás y, por lo tanto, tienes el poder sobre lo que te suceda a partir de ahora y en el futuro.

Por ejemplo, si tu matrimonio no marcha bien, no puedes echarle toda la responsabilidad a tu pareja, ¡incluso si parece ser totalmente culpa suya! Mi padre era un sargento de policía de la ciudad de Nueva York y realmente vio de todo. Me advirtió que muchas personas le dijeron que se habían casado con su cónyuge con la esperanza de poder cambiarlo. Estas personas se casaron con alcohólicos, drogadictos, delincuentes y otros tipos de personas enfermas, a menudo violentas. Pero como dijo mi padre: "No podemos cambiar a nadie más". Ya es de por sí bastante difícil cambiarnos a nosotros mismos: la única persona a la que realmente podemos cambiar. Además, culpar a otra persona pone la situación totalmente bajo su control.

Del mismo modo, si no has podido encontrar una pareja, no puedes culpar a tu situación por la falta de "buenos" candidatos disponibles de la orientación sexual en la que estés interesado. Todo lo que has hecho (e incluso lo que no has hecho), a partir de lo que crees de ti mismo y de los demás, dio como resultado tu situación actual y solo tú puedes afinar tus creencias para que produzcan el tipo de realidad que deseas vivir. He visto que los milagros ocurren y que los compañeros correctos aparecieron como de la nada, pero solo cuando mis clientes estaban listos para que ocurriera ese milagro.

Hoy en día, generalmente bajo la bandera de la Nueva Era, tan difamada y ampliamente mal entendida, existen muchas personas que piensan que cada uno de nosotros es totalmente responsable de la creación de cada aspecto de nuestra realidad personal. Considero que esta teoría es interesante y digna de atención, pero creo también que una idea como esa puede resultar confusa e incluso perjudicial si se toma de manera literal en esta etapa de nuestro desarrollo, especialmente en lo que respecta a las circunstancias en las que nacimos o que simplemente quedan fuera de nuestro control, y que nadie en su sano juicio crearía para sí mismo.

El común denominador de todo el sufrimiento causado por el ser humano son las malas decisiones. Así es como realmente creamos nuestro futuro y nuestra realidad. Echar un vistazo honesto hacia tu interior con la lente de 5000 años de la astrología puede ayudarte a tomar mejores decisiones. La astrología nos ayudó a darnos cuenta de las cosas que nos habíamos causado a nosotros mismos como consecuencia de nuestras decisiones y creencias. Y también nos ayudó a trabajar sobre ellas, utilizando nuestras fortalezas para compensar nuestras debilidades, en lugar de culparnos por crear o influir en situaciones que parecen muy por encima del poder de cualquier ser humano.

Y es así que debemos mirar hacia adentro para notar nuestro diálogo interno, nuestras influencias astrológicas y nuestras reacciones e inacciones con respecto a cualquier situación. ¿En dónde estamos? ¿Cuál es el problema? ¿Qué hay que hacer para corregirlo? Debemos enfocarnos en el momento presente porque el presente es el único lugar donde se concentra nuestro poder. El pasado está más allá de nuestro control y el futuro está... bueno, en el futuro. Pero sí podemos influir en el futuro viviendo y actuando en el momento presente. Al sentir el poder de controlarnos en el momento presente, podemos extender ese poder para afectar todas las áreas de nuestra experiencia. Cuando nuestra fuerza de vida espiritual se fortalece, nos sentimos más animados y podemos lograr un ajuste necesario o un cambio de vida en la dirección de nuestra experiencia de bienestar. Esperamos que compartir lo que ha funcionado para nosotros te ayude a identificar y poner en práctica lo que funciona para ti.

1

Algunas notas sobre bienestar

Todos queremos vivir vidas lo más sanas y felices que sea posible. Es obvio que algunas personas nacen o se ven afectadas por problemas de salud graves sin que sea su culpa, pero es igualmente obvio que muchas personas participan en la creación de la "enfermedad" que las afecta.

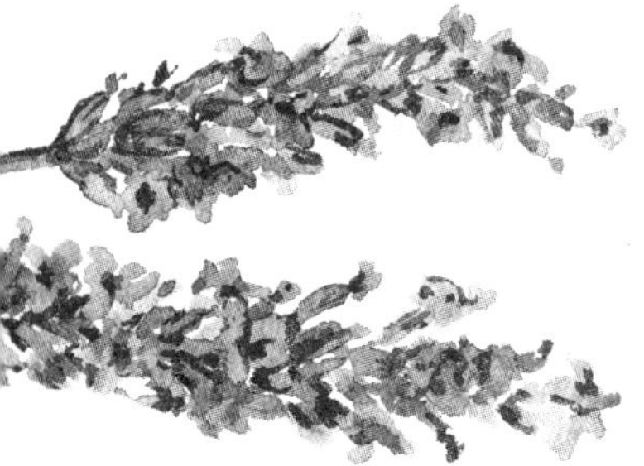

De todos modos, creemos que es igual de importante para el bienestar mantenerse equilibrado, ser consciente y evitar los pensamientos y comportamientos extremos tanto como beber mucha agua pura y comer alimentos nutritivos y de origen orgánico. "Nada en exceso", es nuestro lema. Ser tranquilo, abierto y flexible parece estimular las defensas de nuestro cuerpo y ayudar con el cuidado del mismo, incluso con su recuperación. Nosotros estamos tan acostumbrados a nuestro estilo de vida tan ocupado pero tranquilo, que realmente podemos sentir energías perturbadoras que fluyen a través nuestro si nos dejamos llevar y perdemos el equilibrio por los titulares y las personas tóxicas. Este libro contiene nuestros remedios favoritos para restaurarnos y para enfrentar mejor las presiones y los desafíos de la vida.

Uno de los consejos más importantes es tratar de reír, relajarte y ser consciente de tu respiración cuando puedas "darte un respiro", otra frase cliché que es un poderoso uso de las palabras. Llega más allá del conocimiento aceptado y recuerda que cambiar tu vida para mejor es posible, pero solo si realmente lo crees. Si no lo crees, estarás saboteándote a ti mismo. Habla con tu cuerpo y dile cuánto lo amas. ¡Si esto parece extraño, piensa cuántas veces has hablado con tu auto o algún otro objeto inanimado en el que tu conciencia no habita! Amar a tu cuerpo es importante porque es parte de amarte a ti mismo de la manera en que amarías a un niño. Recuerda estas palabras antiguas (Mateo 18:3): "En verdad les digo que si no se convierten y se hacen como niños, no entrarán en el Reino de los Cielos."

Es como dijo Hipócrates, el venerable médico griego, considerado el padre de la medicina moderna y autor del juramento hipocrático que cada médico realiza: "Que tu comida sea tu alimento y el alimento tu medicina". Hoy en día, decimos que somos lo que comemos. Para permanecer tan sanos como sea posible, necesitamos comida saludable, en la medida en que podamos obtener alimentos naturales que no hayan sufrido contaminación por pesticidas y otras prácticas agrícolas inseguras. Yo, Monte, me he alimentado así desde los dieciséis años, y considero que es una de las razones por las que me encuentro razonablemente sano a la edad de sesenta y ocho.

Si ingiero algo que contiene aditivos químicos, alcohol o si se encuentra adulterado, generalmente puedo sentir un efecto inmediato en mi percepción y, poco después, en mi cuerpo. Al comer de la manera que estábamos destinados a alimentarnos, hacemos que sea más fácil pensar y planificar con claridad y reaccionar con inteligencia emocional a las inevitables sorpresas y trastornos de la vida cotidiana, lo que nos ayuda a tomar mejores decisiones. Comer bien es crucial si deseas bienestar a lo largo de una vida larga y saludable que valga la pena vivir. He orientado a personas extremadamente ricas que intercambiarían su riqueza por una buena salud si fuera posible. Siempre recuerda esto cuando estés a punto de poner tu esfuerzo en la búsqueda de la riqueza y el "éxito" por delante de aquellas prácticas que te darían un bienestar óptimo.

Orientar a las personas es una enorme responsabilidad, pero hemos sido extremadamente afortunados con los sabios ancianos que han compartido sus secretos con nosotros. Uno de ellos fue el brillante y legendario profesor Arnold Keyserling de la Universidad de Viena, cuyas enseñanzas exploraron el camino chamánico diseñado para ayudar a cada persona a encontrar lo que los Pueblos Originarios del mundo han llamado "la medicina", aquello que nos sana.

A lo largo de los siglos, la astrología ha ayudado a las personas a comprender su naturaleza y, al hacerlo, a explorar remedios naturales para ayudarlos a sanar. Tal es así que un hecho convenientemente olvidado es que Hipócrates enseñó que para tratar adecuadamente a cada persona, ¡el médico siempre debía conocer la carta astral del paciente!

Sin embargo, si estamos estresados y enojados, o bien somos incapaces de concebir una forma de lidiar con una vida aparentemente fuera de control o somos victimizados por otros o por circunstancias difíciles, no podemos esperar ni siquiera que la dieta más perfecta, los principios astrológicos mejor comprendidos o cualquier otra forma de medicina evite que perdamos los ánimos y enfermemos. Estamos seguros, porque lo hemos visto con frecuencia, que si estamos angustiados espiritual, emocional o mentalmente es solo cuestión de tiempo antes de que esa angustia se filtre en nuestros cuerpos y se manifieste como una dolencia física.

En este libro compartimos las prácticas esenciales de bienestar personalizadas para cada signo solar, las cuales traerán equilibrio tanto a tu vida interior como exterior: empoderamiento, contemplación, relajación, nutrición, intención, atención plena, respiración y buen sueño.

Astrología para tu bienestar está repleto de consejos con ejercicios metafísicos para cada signo solar. Te divertirás identificando los asuntos centrales y las áreas en las que debes trabajar. Y podrás diseñar una práctica diaria personalizada para producir cambios reales en tu diálogo emocional interno, así como hábitos de curación que producirán cambios aparentemente mágicos en tu vida. Nos encanta inculcar en nuestros lectores una fe renovada para lograr sus metas, así como dar sugerencias reales para que los pasos prácticos tengan éxito. ¡Exploremos juntos nuevos caminos cósmicos hacia el bienestar!

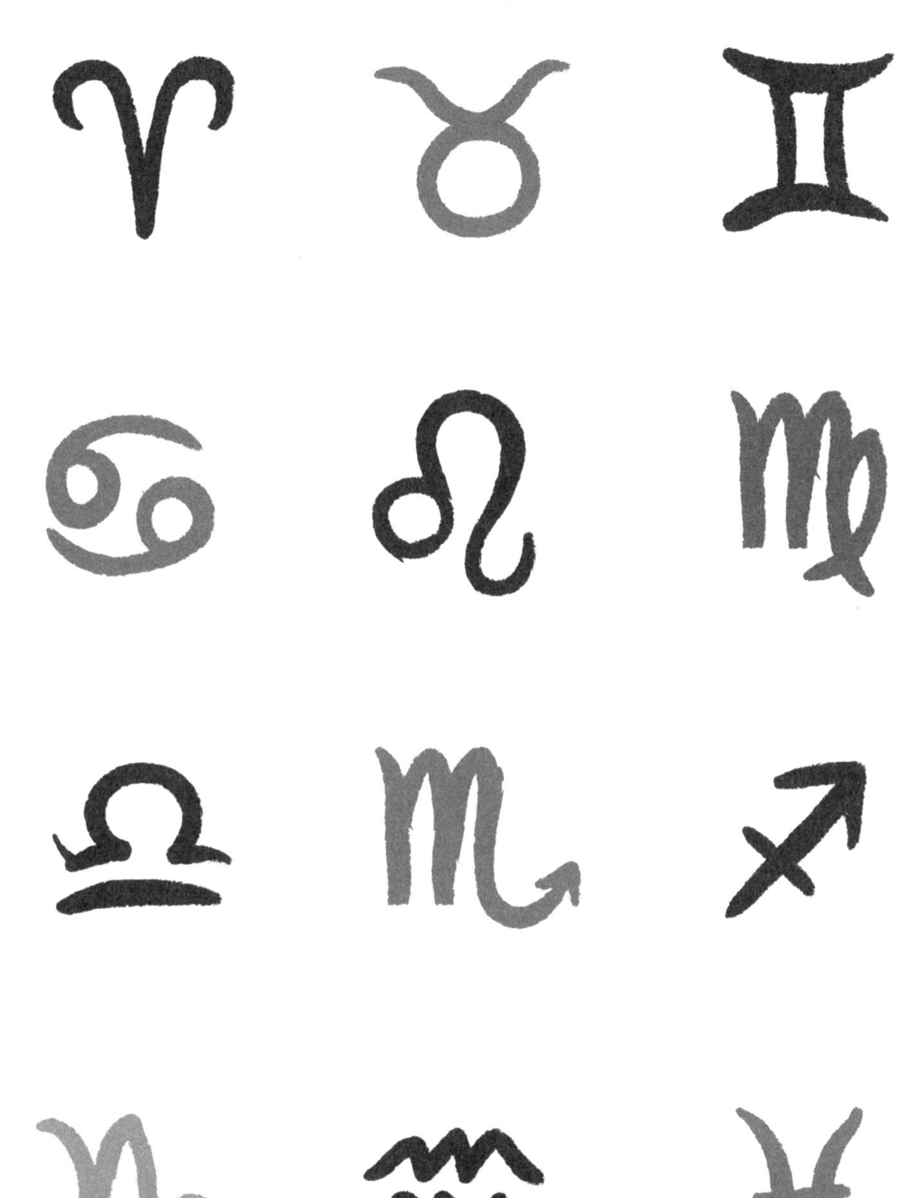

2

POR QUÉ FUNCIONA la astrología

Todo se reduce a ondas gravitatorias. Ya sea que pienses que la astrología funciona o no, espero que aceptes el hecho de que la gravedad existe. ¿De acuerdo? También asumo que entiendes que la gravedad es una fuerza muy poderosa que emana de los cuerpos increíblemente enormes que llamamos *planetas*, una palabra que proviene del griego *"vagabundo"*, porque los planetas parecían estrellas que no estaban fijas en relación a otras, sino que se movían lentamente por el cielo nocturno con el paso del tiempo.

La gravedad planetaria es tan fuerte que la masa indescriptible de los planetas atrae y afecta las órbitas de los demás. De hecho, el planeta Neptuno se detectó antes de que se lo viera por primera vez. Los astrónomos notaron que un cuerpo enorme del tamaño de un planeta, que se desconocía hasta entonces, estaba influyendo en la órbita de Urano.

Entonces, ¿por qué todo este embrollo de ondas gravitacionales que emanan del Sol, la Luna y todos los planetas, incluido el planeta enano Plutón, debería tener algún tipo de influencia perceptible y (aquí está el truco) predecible sobre los seres sensibles que estamos aquí en el planeta Tierra? ¿Y qué hay de la Tierra misma, que dispara sus propias ondas gravitacionales, y que uno podría pensar que anularían la influencia de la Luna, del Sol y de los planetas distantes? Las ondas de la Tierra nos mantienen unidos a su superficie, ¿verdad? Se trata de una fuerza bastante considerable y las ondas planetarias de otros cuerpos celestes nos afectan de maneras sutiles y, en ocasiones, como en el caso de la Luna llena, no tan sutiles (pregúntale a cualquier oficial de policía, paramédico o trabajador de una sala de emergencias).

Pero ya te escucho preguntar, ¿cómo es que funciona la astrología? Está bien, voy a hacer algo más que contarte, ¡voy a mostrarte cómo! Necesitarás dos lentes polarizadas, como las de unas gafas de sol. Así que, si tienes un par y no quieres arruinarlas y no tienes otro par, consigue un amigo que tenga otras gafas de sol.

Las gafas de sol polarizadas reciben ese nombre porque las lentes filtran las ondas de luz que no entran en lo que llamaremos, para los propósitos de este experimento, el eje "Polo Norte a Polo Sur". Si tomas una lente polarizada y luego colocas una segunda sobre ella y la giras lentamente mientras las miras, pronto verás que no dejan pasar nada de luz a través de ellas. Esto ocurre cuando el eje de luz polarizada de las dos lentes forma un ángulo recto. Pero, me preguntarás, cómo es que este ejemplo explica cómo funciona la astrología.

El Sol, la Luna y los planetas bombardean la Tierra con ondas de energía gravitacional que afectan las mareas de nuestro planeta (la Luna) y el clima (el Sol), así como también las mismas fuerzas de afectación de órbita planetaria, sutiles pero reales, que les permitieron a los astrónomos descubrir el planeta Neptuno. Cuando los planetas forman ángulos entre sí, estas fuerzas gravitatorias se entremezclan de maneras similares, aunque más complejas que en nuestro pequeño experimento con las lentes polarizadas.

Estas energías conjuntas del Sol, la Luna y los cuerpos planetarios bombardean y tienen influencia perceptible sobre la Tierra y todos los seres. De acuerdo a nuestra visión de la astrología, somos, cada uno de nosotros, un holograma viviente de las energías que ingerimos con nuestra primera bocanada de aire el día que nacimos (Nota: es por eso que los nacimientos por cesárea son precisos. En un mundo perfecto, las cartas astrales serían calculadas de acuerdo al momento de la primera respiración de una persona y no "simplemente" desde el pasaje igualmente milagroso del cuerpo de la madre a la persona individual).

Así que la astrología funciona porque cinco mil años de observación de las interacciones planetarias en la vida diaria nos ha permitido "leer" la interacción entre las diversas energías de ondas planetarias en el cielo, hoy o en cualquier momento dado en el pasado o el futuro, así como el holograma que la hora de nacimiento ha dejado dentro de cada uno de nosotros. Claramente no somos los mismos que cuando nacimos, pero no creo ser el único que siente sin lugar a dudas que, a pesar de todos los cambios que he experimentado como persona, todavía existe una parte real y presente de mí mismo que no ha cambiado mucho desde el día en que nací.

Uno de mis propios rasgos de personalidad astrológica es ser bastante escéptico y, si mi investigación no me hubiera mostrado la precisión de lo que soy capaz de averiguar a través de la carta astral de una persona, entonces no habría perdido ni un minuto de mi tiempo en ello. Sin ir más lejos, cuando conocí a Amy en 1974, ella estudiaba astrología y yo estudiaba a Amy, así que también aprendí astrología, y ambos eventos cambiaron mi vida espectacularmente para mejor. Juntos, hemos utilizado la astrología como una parte importante de nuestro lenguaje de amor. *Astrología para tu bienestar* es el fruto de nuestros años juntos y ambos nos sentimos agradecidos por nuestra buena fortuna, además de honrados de compartir contigo lo que ha funcionado tan bien para nosotros.

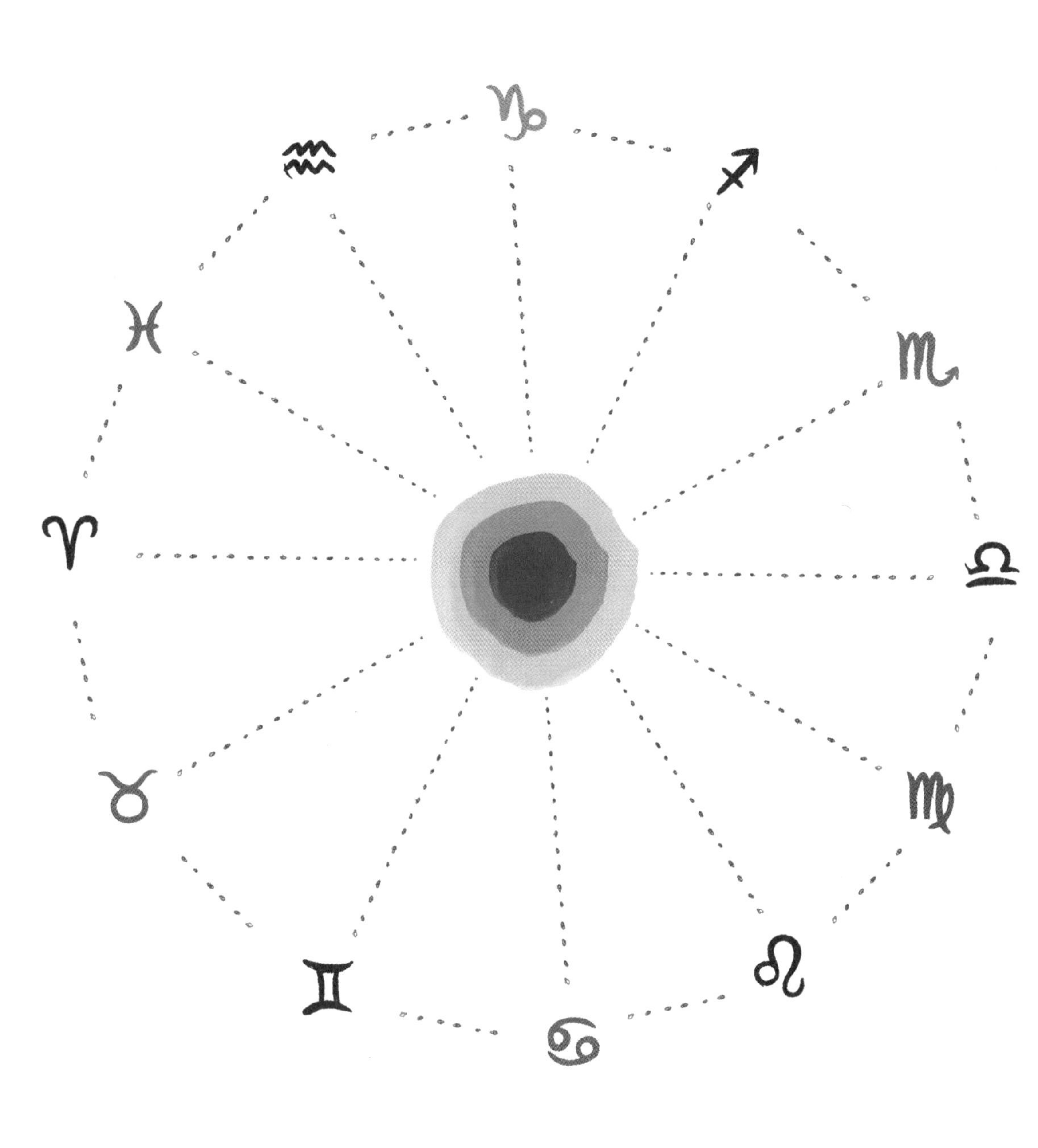

3

Perfil de personalidad

SEGÚN TU SIGNO SOLAR

Recuerda, todos los rasgos de los diversos signos solares existen en cada "nativo" de ese signo como rasgos *potenciales* para ser aprendidos y explorados mental, física y espiritualmente. No aparecen de forma natural en toda su expresión sino cuando la persona se dedica a mejorarse a sí misma. Nadie nace como una manifestación pura de su propio signo solar. La vida tiene que ver con el aprendizaje y el crecimiento, y la astrología ayuda en ese proceso.

Nos gusta pensar que la astrología le da sabor a la vida, pero esa metáfora también nos recuerda sus limitaciones: uno no puede sobrevivir a base de sal y pimienta. Hay que asumir el enfoque correcto en la astrología, esto es, como una guía para explorar tu potencial, que puede llevarnos al nivel óptimo de bienestar para cada uno de nosotros.

Una nota importante: las fechas de inicio y fin de los doce signos del zodiaco son aproximadas, un hecho que la mayoría de los libros de astrología no te dicen, ya que el día del mes en que el Sol ingresa a los diversos signos del zodiaco puede cambiar año a año. Verifica la fecha del cambio de signo para el año específico de tu nacimiento para estar seguro de qué signo te corresponde realmente.

Aries

MARZO 21 - ABRIL 19

PLANETA: **Marte**, símbolo de la energía disponible para el ego que recibe lo que desea.

ELEMENTO: **Fuego**, símbolo de energía, acción y creatividad.

CUALIDAD: **Cardinal**, orientado a metas, interesado en comenzar proyectos o tener iniciativa.

LECTURA RÁPIDA: los arianos son el fuego que da dirección. Saben comenzar la acción y cómo impulsar y trabajar para lograr sus metas. No pueden esperar para echar a andar lo que tienen en mente. Por ello, la paciencia es una de las lecciones más importantes que Aries debe aprender.

COLORES: rojo (toda la gama).

CUALIDADES PERSONALES: honesto, valiente, obstinado.

PALABRAS CLAVE: iniciación • desafío • aventura • exploración • osadía • valor • honestidad • competencia • inocencia • acción • agresión • espontaneidad • descubrimiento • creatividad.

LOS NATIVOS DE ARIES ESTÁN APRENDIENDO A:

» Ser pensadores y realizadores independientes y autosuficientes.

» Dar órdenes, mostrando fuerza pero sin parecer mandones.

» Estar en desacuerdo con otros sin ceder en sus convicciones y opiniones o pelear abiertamente.

» Ser personas para quienes la responsabilidad es un honor y no una carga.

» Ser optimistas y determinados mientras se esfuerzan en hacer las cosas a su manera.

» Canalizar su competitividad innata sin distanciar a otros.

» Equilibrar la atención y voluntad completamente orientadas a los resultados, con la paciencia necesaria para llevarlos a buen término.

Aquellos que se esfuerzan hasta la agresividad para ser pioneros de alguna manera expresan la personalidad fuerte e independiente del signo Aries. Actúan a partir de su primer impulso sin pensarlo dos veces y prefieren estar a cargo de los proyectos o trabajar por su cuenta.

Aries es considerado el primer signo del zodiaco. Los arianos, como se les llama a los nacidos bajo el signo de Aries, pueden parecer agresivos y persuasivos pues siempre tratan de ser independientes. Les gusta ser pioneros, los primeros en hacer algo. Quieren hacer las cosas de una manera original. Incluso la forma en la que son originales puede romper las categorías previas. Si alguien puede crear de la nada una nueva forma de ser pionero, ese es un ariano. Ciertamente no les gusta ser segundones o incluso que los hagan esperar. Funcionan mejor cuando siguen su primer impulso y no dudan de sí mismos. Odian las mentiras y a los mentirosos, incluso pueden ser demasiado honestos para su propio beneficio.

El símbolo de Aries es el testarudo carnero. Cada primavera, el deseo de aparearse y reclamar su territorio lleva a los carneros a demostrar su valentía al chocar su cabeza con la de sus competidores. Luego de algunos choques, el que puede aguantar mejor el dolor de cabeza y no se ha rendido es el ganador. Las personas nacidas bajo el signo de Aries tienen mucho en común con su símbolo, el carnero. Están dispuestas a embestir a aquellos que parecen interponerse en su camino. A veces se darán por vencidas si no consiguen salirse con la suya rápidamente.

La razón por la que los arianos no siempre son tan valientes, originales y pioneros como quisieran es porque la gente no suele llegar al mundo siendo experta en las cosas por las que su signo es famoso. Han venido a este mundo con el desafío del signo astrológico Aries porque desean lograr algo que nunca se ha hecho antes y hacerlo sin dejar que el miedo se interponga en su camino.

La lección para los arianos es que deben aprender la parte más difícil de cómo ser valientes. Ningún ariano quiere sentir que el miedo lo detiene. Sin embargo, dado que los arianos están aprendiendo lo que se requiere para ser individuos que no den su brazo a torcer, en efecto, también deben aprender los diversos aspectos de lo que significa ser valientes. Los arianos le tienen más miedo a tener miedo que a cualquier persona, situación o cosa real. Este es el desafío central para todos los nacidos bajo el signo de Aries, así como la razón por la que a veces sufren ataques de pánico.

Deben tener en cuenta que cualquier miedo o inseguridad que se desencadene en ellos no es signo de debilidad, pérdida de control o garantía de fracaso. No deben permitir que el miedo a sentir miedo los paralice hasta la inacción o los haga sentir mayor inseguridad.

En el nivel más básico, nuestros miedos son medios para prevenir que nos lastimemos física, emocional y financieramente. El miedo está hecho para evitar que repitamos los mismos errores y mantenernos a salvo. Es una emoción tan natural como el amor; pero, de hecho, son opuestos. Los miedos negativos son irracionales y contraproducentes. Existen para retarnos a desarrollar métodos para hacerles frente. Cuando lo hacemos, el recuerdo de nuestros miedos negativos nos permite ver cuán fuertes nos hemos vuelto en realidad. Los arianos no pueden probarse a sí mismos su propia fuerza a menos que primero tomen conciencia de sus miedos y aprendan a lidiar con ellos. No utilizo la palabra *superarlos* o *eliminarlos* cuando hablo de los miedos. Puesto que es una emoción natural, el miedo siempre estará con nosotros. No es un signo de debilidad, pero rendirse ante él sí lo es.

Recuerda: Los arianos ESTÁN APRENDIENDO A SER VALIENTES.

Tauro

ABRIL 20 - MAYO 20

PLANETA: **Venus**, cómo definimos y utilizamos la belleza y atraemos lo que deseamos.

ELEMENTO: **Tierra**, símbolo de lo que puedes tocar, sustancia, practicidad y enraizamiento.

CUALIDAD: **Fijo**, testarudo, preocupado por ser confiable, determinado y estable.

LECTURA RÁPIDA: los taurinos están fijos en la tierra. Saben esforzarse en asuntos relativos al talento, la seguridad, los valores y las finanzas. No les gusta rendirse, incluso cuando deberían hacerlo. Por ello, aprender a dejar ir es una de las lecciones más importantes para ellos.

COLORES: verde, azul y rosa primaverales.

CUALIDADES PERSONALES: leal, pragmático, de buen humor, confiable y musical.

PALABRAS CLAVE: lento • constante • valores • dinero • precaución • control • seguridad • tenacidad • textura • belleza • hábitos • provisiones • amabilidad • calma • romance • sensualidad.

LOS NATIVOS DE TAURO ESTÁN APRENDIENDO A:

» Planear su curso de acción incluso ante la tarea más pequeña.

» Sentirse orgullosos de su fuerza, persistencia y resistencia, más allá de los resultados.

» Crear un hogar seguro, cómodo y hermoso para ellos mismos y para otros.

» Vivir bien de acuerdo a sus propias definiciones y no a las de los demás.

» Confiar en su propia memoria sin dejarse llevar por la de otros.

» Apreciar profundamente la belleza en la ropa, la joyería y la buena mesa.

» Apreciar la música y el canto, en los que se sumergen por completo, y en los que pueden participar ya sea tocando un instrumento o creando melodías.

Aquellos que pueden hacerle frente a todo lo que se interponga en su camino expresan la personalidad decidida, constante y metódica del signo de Tauro. Se puede confiar en ellos para seguir un plan paso a paso, de manera obstinada y deliberada, especialmente cuando saben que su recompensa será el placer y el lujo.

Muchos de los nacidos bajo el signo de Tauro tienen mucho en común con su símbolo, el toro. Aunque suelen ser pacientes y amables, cuando se los lleva al extremo, los taurinos pueden convertirse en un toro azuzado por el capote de un torero. Enojados o no, se concentran de tal modo en sus metas que a veces no pueden fijarse en nada más. De hecho, suelen creer que el camino a su misión requiere el mismo tipo de atención.

La gente nacida bajo el signo de Tauro es fuente de misterio y asombro para sus amigos, pues nadie sino un taurino puede ejercer la energía necesaria para estar a la altura de ciertas situaciones de las que muchos otros signos simplemente se retirarían. Pero a los taurinos no les gusta darle vueltas a las cosas, mucho menos huir de ellas. Enfrentarse a situaciones desafiantes que requieren paciencia y tenacidad es su manera de probar sus habilidades frente a sí mismos y frente a los demás.

Los taurinos obtienen las comodidades materiales que necesitan y superan los obstáculos ejerciendo su inmenso poder de manera sostenida y metódica, sin importar quién o qué intente hacerlos renunciar a sus esfuerzos o desviarlos de su plan. Funcionan mejor cuando son capaces de concentrarse y apegarse a un proyecto preconcebido.

La razón por la que los taurinos a veces no son tan decididos ni pacientes, o no gozan de la comodidad material que quisieran, es porque la gente no nace siendo experta en las cosas por las que este signo es famoso. El desafío del signo astrológico de Tauro es aprender a ser decididos, pacientes, a gozar de abundancia material y ser ricos, así como lidiar con todo lo que esas cosas implican.

Si los taurinos realmente aspiran a poseer lo que desean, deben aprender a incluir la flexibilidad y el cambio en sus planes, al menos en cierta medida, pues en ocasiones la mejor forma de lograr lo que desean es modificar y ajustar su plan de ataque a las circunstancias en las que se encuentran. No es suficiente ser un toro necio para ser un toro exitoso.

El miedo es la causa de que los taurinos se aferren con uñas y pezuñas a un plan, una creencia o incluso una persona, a pesar de que las evidencias sugieran que sería mejor cambiar el plan, la creencia o no ver a dicha persona nunca más. La causa obvia es el miedo de que se demuestre que son débiles, que están en un error, o de haber malgastado el tiempo en vano. También existe el temor de tener que enfrentar lo desconocido e impredecible, de tomarse el trabajo de idear un nuevo plan, de encontrar a una nueva persona o de tener que aprender toda una nueva manera de proceder; esto a menudo es suficiente como para provocar que un taurino se quede cuando debería irse, o de que luche cuando debería pasar la página.

Por naturaleza, los taurinos son reacios a escuchar cualquier consejo que vaya en contra del plan que ya trazaron previamente. ¿Y de qué sirven los consejos si la persona ya decidió de antemano que el camino que eligió es el único camino? Como escribió John Heywood en 1546: "No hay peor ciego que el que no quiere ver". No es necesario que hagas grandes cambios, pero es necesario que estés abierto al cambio. Recuerda que el cambio es la evidencia de que algo está vivo.

La lealtad inquebrantable y la devoción a los que amas son dos de tus rasgos más notables si naciste cuando el Sol estaba en este signo. Además, eres consciente de cada paso que das hacia la prosperidad y consideras la riqueza financiera como uno de tus objetivos más elevados. Esta actitud se debe al hecho de que el signo de Tauro rige la riqueza.

Recuerda: Los taurinos ESTÁN APRENDIENDO A SER FUERTES Y DECIDIDOS.

Géminis

MAYO 21 - JUNIO 20

PLANETA: **Mercurio**, cómo utilizamos nuestra mente lógica.

ELEMENTO: **Aire**, símbolo de las ideas, el intelecto y la comunicación.

CUALIDAD: **Mutable**, flexible, interesado en adaptarse y mezclarse.

LECTURA RÁPIDA: los geminianos son aire en movimiento. Saben cómo ajustar su estilo de comunicación e improvisar para hacerles frente a los cambios y adaptarse a su entorno. Por lo tanto, aprender a elaborar un conjunto propio de creencias fundamentales es una de las lecciones más importantes para Géminis.

COLORES: blanco, amarillo, patrones multicolor.

CUALIDADES PERSONALES: ingenioso, cambiante, versátil, extrovertido, culto.

PALABRAS CLAVE: dualidad • habilidades sociales • comunicación • travesuras • perspicacia • lógica • inquietud • chisme • versatilidad • curiosidad • precocidad • publicidad • agudeza.

LOS NATIVOS DE GÉMINIS ESTÁN APRENDIENDO A:

- » Realizar múltiples tareas simultáneamente, tener varios trabajos o incluso varias carreras a la vez.
- » Utilizar sus habilidades de comunicación para informar a otros cuando sus opiniones son tan cambiantes.
- » Aplicar lo que saben a situaciones reales, a convertir el habla en acciones prácticas.
- » Relacionarse con otros de modo que les permitan ser quienes son realmente.
- » Considerar todos los ángulos de cualquier discusión y cambiar de bando diplomáticamente de un instante a otro.
- » Experimentar el hecho de que sus intelectos por lo regular rigen sobre sus emociones.
- » Aceptar que, a pesar de su voraz consumo de información, no pueden saberlo todo.
- » Evadir las consecuencias negativas del miedo al aburrimiento que en ocasiones se presenta como irracional.

Aquellos capaces de realizar dos o más cosas a la vez expresan la personalidad versátil del signo de Géminis. Su deseo de comprender y comunicar todo de manera rápida produce a la vez una curiosidad interminable y una habilidad para entender todos los ángulos de un problema.

Los nacidos bajo el signo de Géminis están entre los mejores cuando se trata de transmitir información, especialmente de cosas que escucharon por ahí, así como de sus propias opiniones. No es que ellos sean más chismosos que el resto, es solo que son mejores haciéndolo y lo disfrutan más. Puedes apostar que cuando un geminiano te cuenta algo, se trata de la información más actualizada que hay.

Sin embargo, a pesar de que hablan claramente y saben darse a entender, a menudo se les malinterpreta. La mayoría de las personas quieren que ser conocidas en la vida por su congruencia con un puñado de opiniones fundamentales sobre qué es verdad y qué no. Pero los geminianos no piensan así. Les da curiosidad saber lo que es la vida y están más dispuestos a ajustar sus creencias a la luz de nueva información.

Quieren experimentar la vida de tantas maneras diferentes como sea posible. Pueden ir tan lejos, incluso, como para tener una doble vida. O, por lo menos, para tener un par de opiniones sobre cualquier causa; incluso más si se trata de un tema en particular que conozcan en profundidad. Harán prácticamente cualquier cosa para evitar el aburrimiento, el cual, para Géminis, es un destino casi peor que la muerte.

Dado su interés en todo, Géminis se vuelve hábil en cualquier especialidad en la que aterrice su mente veloz. También es el más versátil de los signos. Es poco común que un geminiano haga solamente una cosa bien. Cuentan con una gran destreza.

No es solo que Géminis tenga dos o tres opiniones; es más bien como si fueran dos o tres personas distintas, y eso tiene que quedar claro para aquellos que quieran estar cerca suyo. Su ser cambiante puede ser molesto o interesante, dependiendo de cuánto valores que la gente sea siempre de la misma forma. También Géminis es igual cada vez: siempre cambiante. Como dice el dicho: "Hay para todos los gustos" y eso incluye al camaleónico Géminis que todos conocemos y amamos.

A Géminis le encanta estar al día en todo lo que es nuevo y se esfuerza por saber al menos un poco de todo. Este es el inicio de todas las conversaciones sobre su legendaria curiosidad. Géminis piensa que, de hecho, si tan solo tuviera el tiempo y el acceso a la suficiente información, podría saberlo todo. Nadie parece saber tanto de tantas cosas como un geminiano. Aunque a veces los encuentres a favor de lo que ayer detestaban. Esta es la fuente de su carisma. Benefician al resto recordándonos que no hay que estar tan seguros de que nuestra verdad es la única verdad.

La gente intenta definir a los geminianos, por lo que pueden quedarse con la idea de que su nuevo amigo o amiga cambia de opinión muy fácilmente. Pero ese es un nivel muy superficial. No es tanto que Géminis cambie de opinión, sino el hecho de que tiene dos mentes. Hace muchos miles de años, los antiguos sabios tuvieron la visión de hacer de los gemelos el símbolo de Géminis. Y es que parece como si dentro de ellos, de hecho, vivieran dos personas (o tal vez más), cada una con una serie de valores y opiniones completamente diferentes entre sí. Por eso, Géminis funciona mejor cuando tiene dos o más cosas en qué ocuparse a la vez.

A pesar de todo esto, la lección para Géminis es que hay una razón importante por la que no pueden estar tan informados ni ser tan versátiles y hábiles como quisieran ser. Han venido al mundo bajo el signo astrológico de Géminis precisamente porque tienen mucho que aprender (todo, de hecho), ¡especialmente cómo ser veloces, versátiles, hábiles y listos!

Recuerda: Los geminianos están APRENDIENDO A APRENDER.

Cáncer

JUNIO 21 - JULIO 22

PLANETA: **Luna**, nuestra inteligencia emocional.

ELEMENTO: **Agua**, símbolo de la emoción, la intuición y la empatía.

CUALIDAD: **Cardinal**, orientado a metas, interesado en el inicio de nuevos proyectos, emprendedor.

LECTURA RÁPIDA: los cancerianos son agua cardinal. Saben dar y nutrir, así como comprender los procesos emocionales. Pueden compartir sentimientos y ser protectores. Por ello, una de las lecciones más importantes para ellos es evitar ser sobreprotectores.

COLORES: plateado, malva y gris ahumado.

CUALIDADES PERSONALES: solidario, tenaz, sensible, cariñoso y práctico.

PALABRAS CLAVE: clarividente • protector • herencia • emociones • estados de ánimo • sentimientos • intuiciones • reflejo • respuesta • adaptación • hábitos • ciclos • maternidad • amor incondicional • nuestro pasado.

LOS NATIVOS DE CÁNCER ESTÁN APRENDIENDO A:

» Balancear su respeto por la familia y las tradiciones con la necesidad de cambiar conforme a la época.

» Aceptar el hecho de que pueden perdonar pero no olvidar.

» Ser compasivos, incluso empáticos, sin alterar sus estómagos sensibles.

» Experimentar su naturaleza emocional, tierna y afectuosa a la vez que se protegen a sí mismos.

» Conocer las tendencias y motivaciones de los demás sin tratar de "arreglarlos".

» Crear circunstancias seguras para otros y no sentirse incompletos cuando "dejan el nido".

» Atesorar y proteger objetos con valor sentimental sin apegarse excesivamente a ellos.

Las personas que pueden perdonar las transgresiones infantiles de sus seres queridos muestran la personalidad maternal, protectora y cariñosa del signo de Cáncer. Son tímidamente conscientes de su propio pasado y pueden aplicar fácilmente sus lecciones para crear seguridad en su vida diaria.

Los nacidos bajo el signo astrológico de Cáncer son bien conocidos por su capacidad para cuidar de los demás. Son especialmente sensibles a las formas en las que la gente comunica sus sentimientos y pueden enojarse fácilmente cuando hay malos sentimientos revoloteando sobre las personas que les importan. De hecho, aprender sobre los sentimientos y el estado de ánimo que estos producen es una parte importante de ser un canceriano. En astrología, la Luna es considerada un planeta y está asociada con el signo Cáncer. La forma cambiante de la Luna y su efecto sobre las mareas oceánicas se parece a nuestros siempre cambiantes estados de ánimo, aunque la forma de la Luna es mucho más predecible.

El pasado es muy importante para los cancerianos. Su historia familiar lo es especialmente, ya sea como fuente de orgullo o como una experiencia dolorosa que los afecta como si acabara de ocurrir. De cualquier modo, siempre buscan relacionar lo que les está ocurriendo en el presente con algo que experimentaron en el pasado. Al aferrarse a lo que les es familiar o al relacionar lo nuevo con lo que ya conocen, se sienten seguros. El símbolo de Cáncer es el cangrejo. Sentir inseguridad les hace desear retirarse a su propia versión de un caparazón de protección.

La razón por la que los cancerianos no siempre son tan seguros, sensibles y cariñosos como quisieran ser se debe a que la gente no llega al mundo siendo experto en las cosas por las que este signo solar es conocido. Han venido a este mundo con el desafío del signo astrológico de Cáncer porque desean aprender a ser seguros, sensibles y cariñosos. Los cancerianos poseen la capacidad de alimentar proyectos y personas, pues son capaces de sentir las necesidades de los demás en un nivel emocional. Sin embargo, es esencial que recuerden que respetar sus propias necesidades emocionales es igual de importante. Deben estar atentos a sus prioridades, pues son tan buenos para nutrir y ver por los demás que, a menudo, olvidan cuidar de sí mismos.

Cuando se sienten seguros a nivel emocional, no hay nadie más generoso que un canceriano. Sin embargo, cuando se sienten inseguros emocionalmente, son totalmente incapaces de dar y esto puede confundir a aquellos que han llegado a depender de ellos. Debido a su timidez, especialmente durante esos momentos de vulnerabilidad, los cancerianos no dicen fácilmente lo que necesitan por temor a que los que quieren vayan a decepcionarlos. Los cancerianos son capaces de perdonar a alguien que no estuvo ahí para ellos en un momento crítico, pero nunca olvidarán ese hecho.

A menudo, los cancerianos se ven afectados por la hora del día en la que deciden algo. Los planes hechos durante la noche se vuelven más difíciles de materializar en el día y viceversa. Si resulta que olvidaron poner en práctica durante el día los planes que hicieron la noche previa, deben ser tan pacientes y compasivos consigo mismos como serían con los errores cometidos por un niño que está creciendo y aprendiendo.

Antes de que pueda ayudar a los demás debe sentirse seguro. La primera regla de la guerra es "asegura tu base". Sin buenos cimientos ninguna casa durará en pie. Los cancerianos harían bien en recordar que, aunque no son tan fuertes como todos creen, sí son lo suficientemente fuertes para cumplir sus propios sueños. Deben resistir la tentación de retraerse en sus caparazones si comienzan a sentirse inseguros. Su valor, paciencia y energía amable son todo lo que necesitan para hacer lo que deseen con sus vidas.

Recuerda: Los cancerianos están APRENDIENDO A CUIDAR.

Leo

JULIO 23 - AGOSTO 22

PLANETA: **Sol**, nuestro ego y sentido de propósito.

ELEMENTO: **Fuego**, símbolo de energía, acción y creatividad.

CUALIDAD: **Fijo**, testarudo, preocupado por ser confiable, determinado y estable.

LECTURA RÁPIDA: los leoninos son fuego fijo. Saben cómo perseverar y ser respetados al convertirse en una fuerza creativa enfocada y constante. Les gusta ser líderes y recibir atención. Por ello, aprender que el verdadero liderazgo es hacer lo que es mejor para los que tiene bajo su mando es una de las lecciones más importantes para Leo.

COLORES: dorado, naranja, amarillo.

CUALIDADES PERSONALES: creativo, dramático, orgulloso, organizado y romántico.

PALABRAS CLAVE: afirmación personal • creatividad • reconocimiento • teatralidad • hobbies • liderazgo • amor • placer • diversión • hospitalidad • corazón abierto • gratitud • alegría • entretenimiento.

LOS NATIVOS DE LEO ESTÁN APRENDIENDO A:

- Inspirar atención, respeto y lealtad, especialmente en tareas de grupo.
- Crear y encarnar una forma única, impresionante y noble de estar presentes.
- Mostrarles a otros cómo vivir la vida al máximo, especialmente en lo que se refiere al romance.
- Ser sinceros, honorables y confiables tanto como sea posible frente a las realidades políticas.
- Utilizar el humor, la generosidad y el perdón como las herramientas más justas y más prácticas.
- Balancear la devoción por sus seres queridos con sus propias necesidades humanas.
- Honrar y disfrutar cada momento, incluso cuando requiere de trabajo pesado.

Aquellos que disfrutan crear soluciones y ser líderes muestran la personalidad autoexpresiva y segura del signo Leo. Son románticos, generosos con sus afectos y orgullosos al reconocer sus logros.

Leo es el signo de los organizadores creativos del zodiaco. Prácticamente nadie reconoce tan bien como ellos la solución a los problemas ni organiza mejor la forma de resolverlos. Son estas habilidades las que le dan a Leo su reputación de gran líder. Como todos los líderes, la mayoría de los leoninos se sienten más cómodos cuando delegan lo que debe hacerse en lugar de ocuparse ellos mismos de los detalles rutinarios. Se molestan consigo mismos por este rasgo de carácter, pero no por mucho tiempo, porque a los leoninos les encanta ser tal como son. Se colocan en lugares donde hay mucho que hacer y se asocian con la gente correcta, por lo que sus contribuciones creativas siempre son bienvenidas, incluso si no son ellos quienes ponen manos a la obra para ensuciárselas directamente.

El símbolo de Leo es, apropiadamente, el fuerte y orgulloso león macho. En inglés, a la manada de leones se la llama *pride,* "orgullo y soberbia"; tal vez por eso la importancia del orgullo personal para aquellos nacidos en la época de Leo no puede pasar desapercibida. No desearían que se los relacionara con nada ni nadie que no estuviera a la altura de sus estándares personales. Su orgullo los lleva a querer dar un buen ejemplo para el resto de los signos zodiacales.

Mostrarnos a todos cómo se hacen bien las cosas es el don especial de Leo, lo que explica su gran gusto por el drama. Su don puede expresarse en la actuación, las artes y la música, o en cualquier medio de exposición. Su generosidad les exige crear situaciones y objetos que beneficien o diviertan a los que consideran suficientemente valiosos para conectarse con ellos.

La lección para los leoninos es que hay una razón importante por la que no son tan orgullosos, poderosos y buenos en el liderazgo como desearían ser. Han venido al mundo cuando el Sol estaba sobre el signo astrológico de

Leo para aprender la mejor manera posible de convertirse en el tipo de líder poderoso del que podrían estar orgullosos. En ocasiones, incluso los mejores líderes deben tramar y hacer una escena para que las cosas ocurran.

Por supuesto, cuando los leoninos crean cosas para que otros las miren, la opinión de su audiencia resulta muy importante para ellos. Si sus gestos dramáticos no se reconocen lo suficiente, su orgullo queda herido. Entonces podrían olvidarse de sus responsabilidades para con los demás e incluso pueden tratar de utilizar su poder sobre otros como lo haría un dictador.

Se distinguen por su habilidad para ayudar y proteger a quienes reconocen como personas especiales. Adquieren una medida de su propio valor al regalar lo que creen que otros esperan de ellos. Sin embargo, es importante que recuerden que ellos también necesitan ayuda y protección. Pero suelen ser demasiado soberbios como para pedirlas.

La reputación de ególatras de los leoninos proviene de su dificultad para pedir ayuda. Aunque valoran lo que hacen por los demás, no saben pedir lo mismo para ellos, por lo que es fácil que el resto piense que se creen demasiado buenos como para pedir lo que necesitan, o que nadie tiene la habilidad necesaria para ayudar a alguien tan grande, fuerte y talentoso como un leonino.

Ellos llegan a creer que alguien que necesita ayuda es débil e incapaz de ser un líder. Pero todos la necesitamos tarde o temprano. Como el león y los demás reyes, Leo debe acostumbrarse a que quienes se preocupan por su bienestar le traigan regalos también de vez en cuando. Nadie sabe vivir de manera tan regia como un leonino. Cuando aprenden a aceptar ayuda y delegar con autoridad, le muestran al mundo cómo se vive realmente una buena vida.

Recuerda: Los leoninos están APRENDIENDO A SER LÍDERES ORGULLOSOS (¡y cómo hacer que los demás sigan su ejemplo!).

Virgo

AGOSTO 23 - SEPTIEMBRE 22

PLANETA: **Mercurio**, cómo usamos nuestra mente lógica.

ELEMENTO: **Tierra**, símbolo de sustancia, practicidad y cimiento.

CUALIDAD: **Mutable**, flexible, interesado en adaptarse y mezclarse.

LECTURA RÁPIDA: los virginianos son tierra mutable. Saben cómo ser útiles y cómo revisar, arreglar, editar y ajustarse a las circunstancias. Pueden ser muy críticos y analíticos. Por ello, aprender a no dejarse llevar por su perfeccionismo es una de las lecciones más importantes para Virgo.

COLORES: azul marino, gris, verde, color cuero.

CUALIDADES PERSONALES: analítico, discreto, práctico, inteligente y meticuloso en los detalles.

PALABRAS CLAVE: energía • pensamiento • observación • estudio • perspicacia • división entre partes componentes • crítica • razón • lógica • conexión • adaptación • salud.

LOS NATIVOS DE VIRGO ESTÁN APRENDIENDO A:

» Utilizar sus capacidades analíticas sin prestarse a la preocupación y el perfeccionismo.

» Desarrollar hábitos saludables de alimentación, vestimenta y arreglo personal.

» Ser prácticos en lo que se refiere a temores que los dejan en aprietos.

» Impedir que la inseguridad y la autocrítica sean obstáculos para su naturaleza ambiciosa.

» Utilizar su notable sentido del humor para liberar la ansiedad que pueden sentir ellos mismos y los demás.

» Criticarse a sí mismos y a otros sin parecer severos o pedantes.

» Evitar que el deseo de hacer las cosas correctamente resulte en procrastinación.

Aquellos que realizan acciones útiles a través de lo mejor de sus habilidades expresan la personalidad magistral, trabajadora y humilde del signo Virgo. Su atención precisa a los menores detalles se complementa con su habilidad para analizar a la gente, las cosas y los sistemas.

Virgo es el signo astrológico asociado con los miles de detalles de la vida. A los virginianos les gusta que las cosas ocurran. Es como si fueran llevados a realizar acciones útiles a través de lo mejor de sí mismos en todo momento, sin importar lo grande o pequeña de la tarea. Son cautelosos y metódicos en todo lo que hacen porque valoran el orden y la limpieza. Cuando se involucran con personas o situaciones sucias o desorganizadas, probablemente se muestren irritables e incapaces de concentrarse en lo que generalmente harían de manera eficiente.

El símbolo de Virgo es una mujer joven y virginal. Ella representa el valor que los virginianos le confieren a la pureza de mente y cuerpo. En cierto sentido, siempre son jóvenes, tratan de aprender todo lo que pueden y lo hacen como lo haría alguien joven.

Desarrollar su habilidad y confianza en sí mismos como personas trabajadoras es más importante para ellos que el aplauso de la multitud. Sin embargo, no son máquinas y necesitan palabras cálidas de aliento de aquellos con quienes trabajan o para quienes trabajan. Una palmada en la espalda y las gracias por un trabajo bien hecho suelen satisfacerlos mucho más que la fama o el dinero.

La lección para ellos es que existe una razón importante por la que no son tan útiles, hábiles y perfectos como desearían ser. Han venido a este mundo bajo el signo astrológico de Virgo para aprender a ser útiles, hábiles y las mejores personas que puedan ser. No perfectos, sino simplemente lo mejor que puedan ser.

Muchos no se dan cuenta de que son perfeccionistas del más alto nivel. ¿Por qué? Porque sienten que, si realmente fueran tan perfeccionistas, ¡no se sentirían tan lejos aún de la perfección! Eso debe ilustrar qué tan perfeccionista puede ser un virginiano.

La lección para Virgo también se relaciona con su conocida tendencia a analizar demasiado y preocuparse por todo. De hecho, la preocupación es la combinación de dos temores que resultan del mismo proceso de análisis. Para analizar algo, necesitas toda la información disponible. Sin embargo, al analizar a una persona de carne y hueso o una situación que se desarrolla lentamente, nunca tendremos la suficiente información. El primer temor que produce la preocupación es el de no tener suficiente información para comprender una situación. El segundo temor es no ser capaces de lidiar con las consecuencias de dicha situación a menos que la entiendan completamente y puedan predecir lo que va a pasar.

Virgo debe evitar que su preocupación por el desenlace de las cosas lo influya tan profundamente. Necesita suspender su tendencia a criticar lo que experimenta, sin importar de lo que se trate, y no compararlo con algún estándar imposible de perfección.

Si realmente desean ser tan prácticos como muchos virginianos desearían, deben darse cuenta de que es necesario utilizar sus dones para la crítica de manera constructiva, y esperar para usarlos hasta que primero hayan escuchado y absorbido la información disponible. Deben evitar ponerse obstáculos mientras caminan y no dejar que su tendencia a concentrarse en las imperfecciones menores desatienda el resto del mensaje, que resultaría ser clave para abrirle la puerta al glorioso regalo de la vida.

Recuerda: Los virginianos están APRENDIENDO A ESCUCHAR LOS DETALLES.

Libra

SEPTIEMBRE 23 - OCTUBRE 22

PLANETA: **Venus**, cómo definimos y utilizamos la belleza.

ELEMENTO: **Aire**, símbolo de las ideas, el intelecto y la comunicación.

CUALIDAD: **Cardinal**, orientado a metas, interesado en el inicio de nuevos proyectos, emprendedor.

LECTURA RÁPIDA: los librianos son aire cardinal. Saben ser justos en sus relaciones y trabajarán por la justicia. Pueden ser tanto diplomáticos como asombrosamente agresivos. Por ello, aprender a mantener un enfoque balanceado y armónico en la vida es una de las lecciones más importantes para Libra.

COLORES: azul claro, azul real, tonos pastel.

CUALIDADES PERSONALES: artístico, refinado, sereno, inteligente y discreto.

PALABRAS CLAVE: colaboración • unión • sofisticación • buen gusto • yin y yang • equilibrio • cooperación • justicia • control de calidad • estética • armonía • romance • opiniones • diplomacia.

LOS NATIVOS DE LIBRA ESTÁN APRENDIENDO A:

» Evitar que el deseo de un enfoque equilibrado los lleve a la indecisión.

» Saber funcionar bien individualmente es esencial para tener colaboraciones saludables.

» Equilibrar el sentido de justicia con las necesidades prácticas al tratar con otros.

» Entender que las definiciones de arte y belleza significan algo diferente para cada persona.

» Lidiar con las triquiñuelas humanas al preparar o llevar a cabo colaboraciones.

» Permanecer en calma y perseverar incluso cuando los eventos son poco armoniosos o incluso amenazantes.

» Luchar por la paz, el amor y la justicia.

Aquellos cuya meta es la resolución de conflictos a través del compromiso expresan la personalidad refinada y diplomática del signo Libra. A menudo luchan por mantener el equilibrio en las balanzas de la justicia, en lo que se refiere a decisiones legales y colaboraciones comprometidas de todo tipo.

Libra es el único signo cuyo símbolo no es un ser viviente. Es el símbolo de una antigua balanza, símbolo en igual medida de la equidad y la justicia. La época de Libra, al menos en el hemisferio Norte, ocurre a la par de las cosechas, las cuales deben pesarse y medirse para la venta, compararse con las de años previos y las de otros granjeros. Tal vez por ello los librianos resultan una mezcla tan interesante entre el juicio refinado y la feroz competencia.

Se orientan en gran medida gracias a sus colaboradores y socios, por lo que pueden tener dificultades para ser eficientes cuando no tienen uno. No se trata de que dependan de ellos. Los librianos los necesitan para entender lo que ellos mismos opinan sobre ciertas cosas, como en una lluvia de ideas. Cuando encuentran un colaborador o socio que les permite ser como quisieran ser, intentan hacer permanente la relación. Esto lleva a menudo a sociedades que los demás no entienden muy bien. También hace que se preocupen por cumplir con lo que se acordó en esa sociedad. Este es el origen de los contratos y de la ley misma, lo que explica por qué los librianos suelen involucrarse en empleos que aseguren el comportamiento correcto de las personas.

Un libriano trabajará muy duro para llegar a la meta de resolver el conflicto, ya sea a través del compromiso y la diplomacia o dando una buena pelea si se los obliga a ello. A menudo tratan de equilibrar las balanzas de la justicia en prácticamente cualquier situación, lo que puede dificultar las cosas no solo para ellos, sino también para los que los rodean. Su deseo de tomar la decisión perfecta a menudo puede impedir que actúen con determinación y, en ocasiones, hará que decidan demasiado tarde.

La lección para todos los librianos es que existe una razón importante por la que su juicio no es tan refinado, elegante y preciso como ellos quisieran. Han venido al mundo bajo el signo astrológico de Libra porque quieren aprender a desarrollar su juicio y ser los mejores competidores en los aspectos más especializados de la vida. Ellos detestan todo lo que no consideren a la altura de sus propios estándares y solo se rodean de lo mejor.

A menudo se dejan convencer de dejar a un lado sus propios juicios y desconfiar de su intuición. Es como si dejaran pasar un desajuste en la balanza solo porque no pueden creer que tienen la solución perfecta en sus manos, la solución que viene de sí mismos. Suelen buscar consejos, pero luego deambulan y se debaten entre una fe instintiva en sus propias opiniones y el temor a que el desastre los sorprenda si no siguen los consejos de alguien más. Si pierden la confianza en sus propios puntos de vista e intentan reconciliarlos con los de otros, pueden mostrarse confundidos, vulnerables y agresivos.

Libra no debe permitir que lo influya su tendencia a buscar el mismo nivel de exactitud en cada cosa y en su opuesto. No van a recibir una medalla por contraargumentar todo lo que escuchan. No se trata de un concurso de opiniones entre las suyas y las de un libro como este. Necesitan suspender su tendencia a poner en discusión todo lo que se les dice.

La balanza que simboliza a los librianos es un dispositivo no humano que sirve para indicar el peso o valor relativo de cada cosa ajustándola a una posición equilibrada, resuelta y armoniosa. Una báscula que no sabe pesar simplemente no sirve. Los librianos poseen una afinidad natural con el lado invisible e intuitivo de la vida. Gracias a la percepción apasionada y excepcionalmente extraña que caracteriza al sino de Libra, ninguno de los logros humanos está fuera de su alcance.

Recuerda: Los librianos están APRENDIENDO A SER JUSTOS Y EQUILIBRADOS.

Escorpio

OCTUBRE 23 - NOVIEMBRE 21

PLANETA: **Plutón**, cómo lidiamos con el poder y el cambio.

ELEMENTO: **Agua**, símbolo de las emociones, la intuición y la empatía.

CUALIDAD: **Fijo**, testarudo, preocupado por ser confiable, determinado y estable.

LECTURA RÁPIDA: los escorpianos son agua fija. Conocen bien lo que los motiva y qué hace funcionar a los demás. Su devoción es explorar la vida en sus límites más extremos. Por eso, aprender a funcionar bien con las personas menos apasionadas es una de las lecciones más importantes para ellos.

COLORES: negro, rojo oscuro, rojo granate.

CUALIDADES PERSONALES: intenso, obsesivo, leal, decidido y apasionado.

PALABRAS CLAVE: investigación • conciencia • secretos • magia • psicología • precisión • misterios • buenos detectives • transformación • poder • legado • sexo • regeneración.

LOS NATIVOS DE ESCORPIO ESTÁN APRENDIENDO A:

- » Acumular y utilizar su propio poder para efectuar cambios en todas las áreas.
- » Guardar secretos.
- » Perseverar frente a la oposición sin echar mano de métodos injustos o autodestructivos.
- » Ser apasionados.
- » Experimentar el lado mágico de la vida, especialmente en lo relacionado a su sexualidad.
- » Equilibrar su fascinación por la naturaleza de la realidad, la muerte y la transformación con una vida cotidiana estable.
- » Ser intensos en un mundo donde a la mayoría le disgusta la intensidad o se muestran reacios a encontrarse con ella.

Los que buscan instintivamente los secretos del poder y el control expresan la personalidad investigadora y magnética de Escorpio. Les gusta vivir la vida de manera tan apasionada que a menudo se ven involucrados en situaciones muy intensas.

Escorpio es el mejor detective del zodiaco. Si hay algo que quiere saber, no hay nada ni nadie que pueda evitar que descubra lo que verdaderamente se oculta ahí. Es como si se sintieran llamados a conocer todos los secretos, solamente en caso de que necesitaran usarlos para probar cuán poderosos son.

Cuando se trata de sus propios secretos son igualmente hábiles para mantenerlos ocultos de los demás. De este modo, evitan que los otros tengan poder sobre ellos. Muy raramente van a compartir información, por esa misma razón. El poder en todas sus formas es uno de los grandes temas con el que Escorpio tiene que lidiar. La mayoría son poderosos y lo saben.

Sin embargo, si dudan de su propio poder, harán prácticamente cualquier cosa para demostrar que todavía lo tienen. Naturalmente, esto puede ponerlos en situaciones intensas. Los escorpianos se reservan sus sentimientos e ideas para sí mismos, pues resultan demasiado profundos para ponerlos en meras palabras. Con todo, no dudarán en hacer el comentario perfecto en el momento justo, especialmente si es para desinflar el ego de algún presumido. Aspiran a un nivel de pureza que el resto de los signos del zodiaco apenas podría imaginar. Es por ello que están dispuestos a confrontar a cualquiera cuyos actos no correspondan con sus palabras. Son ávidos estudiantes de psicología y siempre quieren saber qué es lo que mueve los engranajes secretos en las acciones de los demás.

Las compulsiones y comportamientos extraños no desaniman en absoluto a un escorpiano. Al contrario, su curiosidad se aviva. En escorpianos poco desarrollados, existe una tendencia a utilizar su íntima comprensión de las motivaciones humanas para manipular a los demás y satisfacer sus propios objetivos ególatras. Los escorpianos son tan temibles como el símbolo que los representa, el escorpión o alacrán. Pero su ferocidad al usar el aguijón puede terminar haciendo que se piquen a sí mismos. A menudo se los malinterpreta a causa de la intensidad de sus pasiones. La manera brutal en la que se comunican a veces ocasiona que los demás no puedan tomar en serio sus palabras.

Curiosamente, Escorpio es el único signo que tiene otros símbolos menos conocidos para representarlo. Dos de los más importantes para comprender el significado de este signo zodiacal son el águila y la serpiente. El águila vuela más alto que cualquier otra ave y la serpiente es la criatura que se arrastra más cerca del suelo. Esto es porque Escorpio está asociado a los puntos extremos de lo más alto y lo más bajo simultáneamente. Por ejemplo, Escorpio es el signo asociado con la reproducción sexual, una función que requiere la participación de los órganos que tienen también la tarea de limpiar al cuerpo de sus propios desechos.

La lección que los escorpianos deben aprender es que hay una importante razón por la que sus vidas no les dan tantas experiencias límites como desearían. Han venido a este mundo bajo el signo astrológico de Escorpio porque desean aprender a desarrollar la capacidad de ejercitar su poderosa voluntad sobre el mundo. Escorpio es el signo de la magia y, quienes tienen en el Sol en este signo, quieren hacer grandes cambios en sus vidas, de esos que al resto le parecerían transformaciones casi mágicas.

Cuando los escorpianos concentran su veneno en controlar a los demás, muy a menudo se dan cuenta de que son ellos quienes quedaron bajo el control de otros. Sin embargo, cuando se concentran en sí mismos y en ejercer su propio autocontrol, la influencia que pueden tener sobre los demás y sobre el mundo prácticamente no conoce límites. Es como si la mejor forma de tener el control de una situación fuera teniendo el control de sí mismos.

Recuerda: Los escorpianos están APRENDIENDO A SER PODEROSOS.

Sagitario

NOVIEMBRE 22 - DICIEMBRE 21

PLANETA: **Júpiter,** nuestra visión del éxito.

ELEMENTO: **Fuego,** símbolo de energía, acción y creatividad.

CUALIDAD: **Mutable,** flexible, interesado en adaptarse y mezclarse.

LECTURA RÁPIDA: los sagitarianos son fuego en movimiento. Exploran el mundo en todos los sentidos posibles para descubrir verdades universales y transmitirlas. Por lo tanto, aprender dónde y cuándo no decir su verdad es una de las lecciones más importantes para Sagitario.

COLORES: rojo óxido, púrpura (toda la gama).

CUALIDADES PERSONALES: generoso, cosmopolita, divertido, optimista, conocedor del mundo, honesto a toda prueba.

PALABRAS CLAVE: libertad • teorías • enseñanza • aprendizaje • viajes por el mundo • filosofía • expansión • naturaleza • incremento • motivación • prosperidad • jovialidad • perspectivas positivas • suerte.

LOS NATIVOS DE SAGITARIO ESTÁN APRENDIENDO A:

» Equilibrar su deseo de ser completamente éticos y morales con las exigencias del día a día.

» Mostrar buena voluntad al evaluar quién está listo, preparado y disponible para escuchar la verdad.

» Ganarse la vida siendo congruentes con su filosofía.

» Seguir siendo abiertos, tolerantes y considerados incluso cuando no parece lo apropiado.

» Seguir siendo amables, amigables y leales con aquellos que se lo merecen, aunque no comulguen completamente con ellos.

» Evitar imponer sus creencias fuertemente arraigadas en aquellos con ideas diferentes.

» Ser filántropos que comparten todo tipo de riquezas, incluida la sabiduría intelectual y espiritual.

Las personas que buscan compartir el conocimiento y la sabiduría que han descubierto muestran la personalidad filosófica y de mente curiosa del signo de Sagitario. No temen interactuar con aquellos que son muy diferentes a ellos si de esa interacción resulta una expansión de su propia comprensión del mundo.

El símbolo de Sagitario es Quirón, el centauro (mitad hombre, mitad caballo), que apunta el arco y la flecha. El centauro Quirón fue el primer médico de medicina herbal y también un gran sabio. En la mitología griega, fue el maestro del invencible guerrero Aquiles.

La leyenda de Quirón pudo comenzar con historias sobre algún cazador especialmente hábil, tal vez el líder de la primera tribu de cazadores que montó a caballo. Otras tribus pudieron interpretarlo como mitad humano y mitad caballo. Viajar a caballo hizo posible que la gente pudiera visitar otros lugares y que tribus de todo tipo se embarcaran en nuevas conquistas. Cuando volvían de sus viajes, hipnotizaban a su propia tribu con los relatos que traían de aquellas tierras extrañas.

Los nacidos bajo el signo de Sagitario comparten el amor por los viajes y los animales, especialmente los caballos, el aire libre, la sanación natural y todo lo extranjero. Son los maestros filósofos del zodiaco y, sin esta función vital, cada generación se vería obligada a comenzar desde cero sin la sabiduría acumulada como guía. Los sagitarianos buscan el conocimiento y la sabiduría para usarlo correctamente. Solo están interesados en la verdad última porque, de lo contrario, no valdría la pena conocer y enseñar a otros menos que lo último.

Esta es la razón por la cual los sagitarianos tienen la reputación de ser cortantes. Sagitario siente que cualquiera que esté diciendo la verdad debería ser capaz de sostener su posición ante cualquier crítica, incluso si se le plantea sin ningún tipo de tacto y ni modales. Los sagitarianos no tienen tiempo que perder, necesitan continuar su viaje, siempre aprendiendo y divulgando sus aprendizajes. No pueden llevar equipaje extra. Nunca esperes de ellos una disculpa por hacer enojar a alguien cuando su única intención, según ellos, era llegar a la verdad.

La lección para Sagitario es que existe una razón por la que la vida no les brinda tantas oportunidades para viajar, aprender y enseñar como quisieran. Han venido al mundo bajo el signo astrológico de Sagitario porque quieren aprender a estudiar, viajar y, sobre todo, a enseñar. Pueden usar ese deseo y capacidad innata para ampliar su comprensión de cómo funciona el mundo para recorrerlo realmente, tanto a través de viajes como de travesías filosóficas y de aprendizaje. Publicaciones, redes sociales y los medios de información pública son mecanismos que les permiten llevarnos a su mundo, a lo que han aprendido y lo que consideran verdadero.

Cuando se necesite que Sagitario actúe de inmediato, sin tener tiempo para pensar en lo que hace, será valiente y saldrá bien librado. Sin embargo, cuando se les otorga el lujo de tener el suficiente tiempo para pensar en lo que se les pide, se vuelven seres tímidos y cautelosos. Es importante que los sagitarianos no se sientan tan inspirados ni se dejen llevar por cada nueva pieza de sabiduría recolectada, al punto de postergar los planes de ayer para hacer realidad otro gran plan para cambiar su vida hoy, y luego cancelar los planes de mañana cuando perciban nueva información.

También es importante que los sagitarianos enfrenten su tendencia a pasar por alto los detalles necesarios para llevar a cabo con éxito cualquier tipo de plan. Ningún otro signo es tan arrojado y de mente tan abierta como ellos cuando se trata de descubrir lo nuevo y lo extraño, aunque necesitan un poco más de tolerancia frente a la rutina y las necesidades diarias. Pensar en grande es un rasgo muy útil, pero también tiene sus limitaciones.

Recuerda: Los sagitarianos están APRENDIENDO A SER DE MENTE ABIERTA.

Capricornio

DICIEMBRE 22 - ENERO 19

PLANETA: **Saturno**, nuestras restricciones.

ELEMENTO: **Tierra**, símbolo de sustancia, practicidad y cimiento.

CUALIDAD: **Cardinal**, orientado a metas, interesado en comenzar proyectos o tener iniciativa.

LECTURA RÁPIDA: los capricornianos son tierra cardinal. Son disciplinados en materia de recursos y planificación de objetivos. Actúan en función de las necesidades prácticas y el deseo de ser respetados por aquellos a quienes respetan. Por lo tanto, aprender a lidiar con la autoridad es una de las lecciones más importantes para Capricornio.

COLORES: negro, café oscuro, gris.

CUALIDADES PERSONALES: ambicioso, prudente, disciplinado interiormente, ahorrativo y tradicional.

PALABRAS CLAVE: permanencia • tradición • conservación • organización • responsabilidad • realismo • definición y comprensión de las leyes y los límites • la prueba del tiempo • autoridad • interés.

LOS NATIVOS DE CAPRICORNIO ESTÁN APRENDIENDO A:

- » Equilibrar su ser lógico, serio y conservador con las necesidades emocionales que llevan dentro de sí.
- » Mantenerse respetuosos y puntuales en un mundo en el que tales rasgos no siempre son valorados.
- » Utilizar todos los recursos a su alcance, incluidas las personas, para expandir sus ambiciones.
- » Alcanzar, mantener e interactuar con el poder y la autoridad.
- » Definir y obtener el verdadero éxito.
- » Reírse de los aspectos más oscuros de lo humano para manejar sus temores.
- » Conservar recursos y terminar los proyectos de la manera más eficiente.

Aquellos que están dispuestos a hacer lo que se espera de ellos para alcanzar las cimas del éxito muestran la personalidad conservadora y práctica del signo Capricornio. Su persistencia y capacidad para centrarse en un objetivo les permite convertirse en figuras de autoridad.

La cabra montesa con la cola de un pez es el símbolo de Capricornio. Un símbolo curioso, sin duda, pero que representa a la perfección la naturaleza doble de aquellos nacidos en la temporada de Capricornio. La cabra montesa es incansable al abrirse paso entre las cimas de las montañas. Muchos capricornianos son igual de incansables al perseguir las cumbres de sus respectivas profesiones. Se puede creer que los capricornianos desean la fama y el respeto de las masas, pero sería más preciso decir que solamente ansían el respeto de quienes admiran. Esto es tan importante para ellos como vivir en la riqueza y el refinamiento, que a su vez es como se ganan el respeto de "las masas".

Para llegar a lo más alto, los capricornianos pueden hacer lo que los demás les requieran. Esto les confiere la reputación de conservadores cuando, en realidad, son profundamente sensuales. Son conservadores en el mejor sentido de la palabra. Conservas lo que has ganado, de modo que tienes suficiente cuando lo necesitas, y esta es la esencia de la practicidad. Los capricornianos son extraordinarios ejecutivos. De hecho, para demostrar su valor necesitan que se les delegue algún tipo de responsabilidad. Una vez que sienten el peso sobre sus hombros, estarán a la altura de las circunstancias, y tendrán éxito donde otros encuentren fracaso. Cuando se dan cuenta de que ser alguien en la vida depende de sí mismos, expresan un tipo de energía capaz de superar prácticamente cualquier obstáculo.

Respecto de la cola de pez que lleva detrás la cabra montesa de Capricornio, los antiguos utilizaban el elemento agua para simbolizar las emociones, y la cola de un pez se utiliza para propulsar y maniobrar en el mundo acuático. Los capricornianos tienen necesidades emocionales profundas y reales que pueden disminuir su velocidad o incluso hacer que se detengan del todo en su camino.

La lección para Capricornio es que existe una razón importante por la que sus vidas no les regalan tantas oportunidades para disfrutar del éxito, la riqueza y la felicidad como les gustaría. Han venido a este mundo con el signo astrológico de Capricornio pues desean aprender la mejor manera de alcanzar el éxito, la riqueza y la felicidad. En lo profundo de su corazón saben que existen técnicas pendientes y lecciones por aprender y aplicar en sus vidas antes de alcanzar su potencial completo.

La conciencia de todo lo que les falta por recorrer para conseguir el respeto que tanto desean, en ocasiones, puede golpearlos con una oleada de pesimismo y, en algunos casos, de depresión. Esta tendencia no viene del hecho de que los abrume todo lo que les falta por recorrer, sino que no se permiten recibir energía e inspiración de todo el camino ya recorrido. Aunque no sea tan evidente para ellos como para la gente a su alrededor, desde muy jóvenes suelen conquistar metas que para muchos otros representan logros prácticamente inalcanzables. Otro aspecto que contribuye a su tendencia a la depresión es la presión provocada por su necesidad de mantener una imagen de prosperidad hacia afuera, quedando bien tanto con la moda como con las tradiciones, mientras viven en medio del lujo y la abundancia, a la vez que, de alguna manera, se elevan por encima de las masas cuya aprobación anhelan.

Cuando los capricornianos se embarcan en el camino al éxito, su persistencia y su capacidad de concentrarse en las metas les permite conseguirlo y convertirse en figuras de autoridad dentro del área de su elección. Si son capaces de hacer lo necesario y mantener el sentido del humor para sortear los tiempos difíciles, son imparables.

Recuerda: Los capricornianos están APRENDIENDO SOBRE LA AUTORIDAD.

Acuario

ENERO 20 - FEBRERO 18

PLANETA: **Urano**, cómo mantener la vida fresca y emocionante.

ELEMENTO: **Aire**, símbolo de las ideas, el intelecto y la comunicación.

CUALIDAD: **Fijo**, testarudo, preocupado por ser confiable, determinado y estable.

LECTURA RÁPIDA: los acuarianos son aire fijo. Saben ganarse a la gente y ser amigables, de modo que sus ideas originales y algo radicales en beneficio de la humanidad puedan ser aceptadas. Por lo tanto, aprender a preservar lo que vale la pena mientras incursionan en nuevas formas de hacer las cosas es una de las lecciones más importantes para Acuario.

COLORES: azul eléctrico, azul cielo, ultravioleta.

CUALIDADES PERSONALES: único, brillante, inventivo, elocuente y de vanguardia.

PALABRAS CLAVE: humanitario • inventivo • desapegado • radical • altruista • rebelde • científico • ecléctico • genio • excéntrico • alternativo • original • futurista • amante de la historia.

LOS NATIVOS DE ACUARIO ESTÁN APRENDIENDO A:

» Conservar un talante amistoso y abierto incluso con gente que parece causar más problemas de los que soluciona.

» Distinguir entre lo que debe cambiarse y lo que vale la pena conservar.

» Comunicar ideas y conceptos de avanzada a quienes no están familiarizados con ellos.

» Sentirse libres y a la vez ser miembros productivos de la sociedad.

» Innovar en ideas que sean imaginativas, inventivas y sin restricción de ningún tipo.

» Inspirar seguridad en otros mientras no se les exija ajustarse a las expectativas ajenas.

» Mantenerse actualizados con respecto al pensamiento de otros líderes de opinión como ellos, mientras se esfuerzan por avanzar.

Las personas cuya preocupación por el bien de todos los impulsa a inventar soluciones a los problemas de la sociedad demuestran la personalidad humanitaria y de libre pensamiento del signo Acuario. De su pasado, aprendieron cómo afectar el presente para crear el futuro que vislumbran.

El símbolo que representa a Acuario es el aguador, vaciando su jarrón para saciar la sed del mundo. Por esta razón, muchas personas piensan erróneamente que Acuario es un signo de agua. El agua era el elemento que los antiguos asociaban con todo lo que tiene que ver con las emociones, la empatía y la intuición. Sin embargo, Acuario no es un signo de agua. El elemento asociado con Acuario es el aire, el reino de las ideas. A las personas nacidas bajo el signo de Acuario les gusta pensar en términos amplios y teóricos y quieren "vaciar" sus ideas hacia el mundo.

Que se los confunda con un signo de agua es una pista importante sobre la lección de ser Acuario. El agua simboliza las emociones y la empatía, y la gente suele pensar que a los acuarianos les faltan ambas. Y es que Acuario es el científico loco, el profesor chiflado del zodiaco. Se rodea de mentes irreverentes hacia la tradición, sin temor a incomodar los cánones sociales. Los acuarianos detestan el pensamiento lineal y se sienten bastante cómodos saltando de una idea a otra hasta que sorprenden a todos ideando un plan para mejorar o reinventar el asunto del que se ocupen.

Se dice que Acuario carece de empatía y no le importa el sufrimiento de los demás, pero ellos necesitan ese desapego emocional para observar lúcidamente los problemas sociales y tratar de resolverlos, sin importar qué tan drásticas sean las soluciones que propongan. Necesitan revisar con cuidado las acciones de sus propios planes, pues, aunque tienen buenas intenciones, podrían lastimar a otros en el proceso.

Cuando la mente científica de Acuario deja de pensar en términos teóricos y abstractos, regresa al mundo de las emociones. De hecho, no se sienten cómodos experimentando emociones fuertes en ellos o en otros a su alrededor, y fácilmente pueden sentirse sobrepasados por sentimientos de empatía por aquellos menos afortunados. Esto es lo que les da la motivación principal para crear soluciones a los problemas más urgentes de la sociedad.

Los bebés no llegan al mundo siendo expertos en las cosas por las que sus signos zodiacales son famosos. Los acuarianos están aquí para hacer real el futuro que vislumbran claramente en su interior. Esta es la razón por la que la vida no les otorga tantas oportunidades como quisieran para disfrutar de la libertad y los recursos necesarios para traer a la realidad sus innovadoras ideas.

Una vez que los acuarianos deciden dejar de soñar y comienzan a trabajar en el futuro que soñaron, logran todas sus metas. De hecho, en su entusiasmo por distinguirse del pasado pueden hacer cambios tan radicales y destruir cosas de las que aún se podría aprender. Como dice el viejo refrán: "El remedio resulta peor que la enfermedad".

Si los acuarianos realmente quieren tener el tipo de vida con la que siempre han soñado, deben evitar que su tendencia a llegar a los extremos los haga imaginar que deben hacer cambios demasiado radicales para ellos (o para cualquiera), esos que son muy difíciles de sostener. Los cambios radicales y de la noche a la mañana no aseguran que la gente reciba todo el amor, la riqueza y el éxito que creen que merecen, especialmente el tipo de cambios extremos que los acuarianos estarían dispuestos a hacer sin pensarlo dos veces.

Recuerda: los acuarianos están APRENDIENDO A SER DIFERENTES
Y A HACER LA DIFERENCIA.

Piscis

FEBRERO 19 - MARZO 20

PLANETA: **Nepturno**, nuestra capacidad de compasión y autosacrificio.

ELEMENTO: **Agua**, símbolo de las emociones, la intuición y la empatía.

CUALIDAD: **Mutable**, flexible, interesado en adaptarse y mezclarse.

LECTURA RÁPIDA: los piscianos son agua mutable. Saben moverse, fundirse y cambiar, además de ser sumamente sensibles y empáticos a las necesidades emocionales de los demás. Por ello, aprender a ser ellos mismos mientras ayudan los demás es una de las lecciones más importantes para Piscis.

COLORES: lavanda, verdemar, aguamarina.

CUALIDADES PERSONALES: empático, artístico, compasivo, desinteresado y en sintonía psíquica.

PALABRAS CLAVE: sensibilidad • espiritualidad • receptividad • melancolía • atención • preocupación • estar en otro mundo • inspiración • fe • idealismo • fantasía • imaginación.

LOS NATIVOS DE PISCIS ESTÁN APRENDIENDO A:

» Ser compasivos sin sacrificarse a sí mismos en el proceso.

» Vivir en este mundo mientras creen y trabajan para crear un mundo mejor.

» Fusionarse con el infinito a través de las buenas obras, la oración, el fervor religioso o la meditación.

» Recibir información de forma empática o incluso telepática sin perder su identidad personal.

» Organizar a otros en iniciativas filantrópicas.

» Fusionar su naturaleza idealista y la tendencia a la ensoñación con las necesidades del mundo real.

Las personas cuya preocupación por el bien de otros los lleva a involucrarse emocionalmente con los necesitados muestran la personalidad empática y compasiva del signo de Piscis. Pueden ver y sentir la interconexión de todas las cosas en un nivel intuitivo y psíquico.

Piscis es el último signo del zodiaco. Debido a que viene al final de los doce signos, contiene un poco de cada uno. Esta es una explicación de por qué los piscianos entienden tan fácilmente cómo se sienten los demás. De hecho, los piscianos son tan sensibles a los sentimientos ajenos, que prácticamente no pueden estar cerca de personas enojadas, tristes o perturbadas. Para los nacidos durante la época de Piscis, puede ser difícil entender por qué sienten lo que sienten. Si se toman un tiempo para investigar un poco, a menudo se dan cuenta de que, literalmente, están viviendo los sentimientos de los demás.

Piscis se asocia tanto con la empatía como con la telepatía. Esta habilidad natural para estar conectados de manera invisible con quienes los rodean, incluso al otro lado del mundo, es tanto la bendición como la maldición de todos los piscianos. Les permite sentir exactamente cómo ayudar a quienes les importan, lo cual es una de las especialidades de Piscis. Por otra parte, también es agotador y difícil para Piscis el hecho de tener las emociones de todo el mundo entremezcladas con las suyas.

A veces, naturalmente, hay un fuerte deseo de escapar de hacer el doble trabajo de experimentar tanto sus propias emociones como las emociones de quienes los rodean. Es por esto que a menudo los piscianos desarrollan una salida de emergencia de su propia sensibilidad. Ningún signo es tan bueno como Piscis para crear su propio mundo de fantasía, ya sea a través de la escritura, la danza, la actuación y las artes visuales, así como a través de sustancias que alteran el estado de ánimo o amasando una fortuna para hacer que su mundo sea lo más aislado y cómodo posible. Se meten en problemas cuando usan drogas, alcohol, sexo, juegos de azar, fanatismo religioso o cualquier otra válvula de escape que abrume la sensibilidad y el buen juicio para dejar afuera al mundo real.

Cuando redirigen su sensibilidad hacia el mundo real tienen la capacidad de hacer increíbles cantidades de dinero en los negocios. Si crees que eso parece improbable dada la fama de soñador y disperso de Piscis, recuerda que también tiene una pizca de todos los demás signos. Posee la capacidad de lograr una visión de gran perspectiva frente a cualquier situación comercial y su sensibilidad hacia los demás le da una idea bastante confiable de cómo se sentirán o actuarán. Eso le permite hacer predicciones precisas que le dicen cómo actuar para obtener las mayores recompensas.

La lección para Piscis se centra en la importante razón por la que su vida no le brinda tantas oportunidades para utilizar su sensibilidad única hacia los demás para ganar el reconocimiento y el respeto de aquellos a quienes quisiera ayudar. Han venido a este mundo bajo el signo astrológico de Piscis porque quieren aprender cómo acercarse lo suficiente a las personas para ayudarlas, sin sentirse abrumados por sus necesidades y acciones.

Mientras más honesto y noble sea un pisciano, se enfrentará a mayores dudas. Parece que su temor recae en no ser capaz de cumplir sus promesas, o que el mundo espere de él mucho más de lo que puede dar.

Los piscianos son conscientes como nadie de las cosas que nos mantienen unidos, así como de las inmensas diferencias entre las personas. Esta es una de sus mayores fortalezas, pero si se permiten ser controlados completamente por sus emociones, o dejan que la pesadumbre del dolor humano los orille hacia su comportamiento escapista, entonces su mayor poder se convierte en su mayor debilidad. Cuando aprenden a equilibrar sus habilidades intuitivas innatas con una perspectiva lógica que no ignore las incomodidades de la realidad, son capaces de lograr grandes cosas.

Recuerda: Los piscianos están APRENDIENDO A CONECTARSE CON TODO.

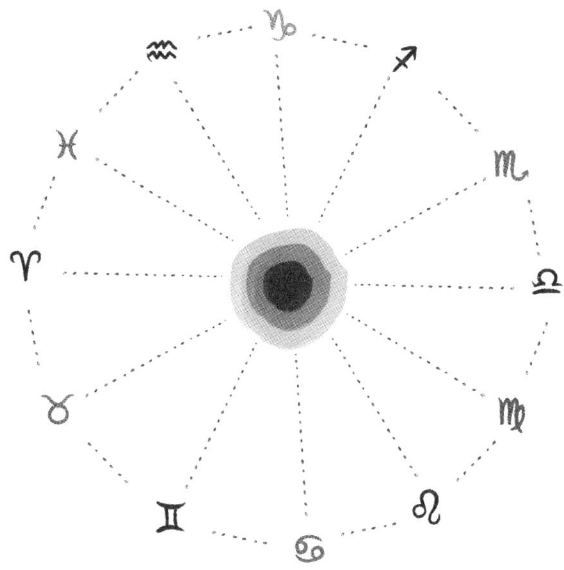

4

Consejos de bienestar y salud

La cinta caminadora puede funcionar para unos y hacer pilates para otros. Cada signo está asociado con una parte diferente del cuerpo. Cada uno tiene sus propias fortalezas y debilidades. El truco es encontrar un plan de bienestar y una rutina de ejercicios adecuada tanto para tu personalidad astrológica como para tu estilo de vida.

Aries

MARZO 21 - ABRIL 19

Para la astrología, Aries es el signo de la cabeza y el rostro. Lo que ocurre en la cabeza de los arianos (especialmente el estrés ocasionado por sentimientos de temor o humillación, como fechas de entrega no cumplidas y oportunidades perdidas) influye en gran medida con lo que ocurre en el cuerpo. Por eso, Aries suele ser propenso a dolores de cabeza, de dientes y neuralgia en torno a la mandíbula.

Los arianos se agotan más fácilmente que otros signos cuando trabajan demasiado. Están tan ocupados que ni siquiera tienen tiempo de enfermarse, y cuando caen enfermos se recuperan rápidamente, pero puede que su famoso optimismo se les escape si el tratamiento es largo. Los arianos deben tener cuidado en no hacer las cosas demasiado rápido, pues podrían lastimarse con cuchillos, tijeras u objetos metálicos con bordes afilados.

También es conveniente que no cansen demasiado sus ojos. Tomar pequeños descansos es bueno para ellos: un baño caliente, cinco minutos en una hamaca o cortarse el cabello pueden obrar milagros para sanarlos y rejuvenecerlos.

Aries prefiere hacer ejercicio rápida y furiosamente y, en lo posible, a solas. Puede funcionarles entrenar por intervalos de pequeñas explosiones de ejercicio de muy alta intensidad, alternando con periodos de descanso de corta duración. Incluso en esos casos, Aries debe tener cuidado de no hacer las cosas demasiado rápido.

Aries es el signo de los pioneros, así que los métodos y dispositivos novedosos, como las largas caminatas al aire libre, pueden ayudarle a aclarar su cabeza, a sanar, nutrir y rejuvenecer su espíritu aventurero.

Un masaje que puede calmarlos y ayudarlos debe concentrarse en la frente y las sienes.

Tauro

ABRIL 20 - MAYO 20

Por lo general, los taurinos gozan de vitalidad a lo largo de sus vidas, pero cuando algo falla, suele ocurrir en el área sinusal, la garganta y los pulmones. Estas partes del cuerpo pueden ser vulnerables a infecciones. Los problemas de cuello y de voz también son comunes, pues la parte del cuerpo regida por Tauro es el cuello.

Los taurinos disfrutan de postres dulces y cremosos, que pueden llevarlos eventualmente a subir de peso si los consumen con frecuencia o en exceso. Por eso, deben evitar la comida grasosa y de altas calorías. Tauro también debe alejarse de alimentos altos en sodio o cafeína, pues estos pueden ocasionar efectos problemáticos en su sistema. Tauro ama estar al aire libre, por lo que meditar en un hermoso jardín puede ser un hábito saludable para ellos.

Les gusta ejercitarse sin pausa, pero sin prisa, así que la cinta caminadora puede funcionarles muy bien. También el levantamiento de pesas para aquellos que quieran probar qué tan fuertes son. Los toros necesitan trazarse un plan y seguirlo rigurosamente, aunque no les importará saltarse un día de vez en cuando, especialmente si van a dedicarlo a visitar un spa o alguna otra experiencia de lujo.

Los taurinos deben evitar poner mucha presión sobre sus cuellos al ejercitarse. También presentan problemas relacionados con la flexibilidad, por lo que harían bien en participar en una rutina de yoga sin prisas en un estudio hermoso y bien diseñado. Estirar los músculos tensos puede darles placer, pero no deben esforzar su cuerpo más allá de ese punto.

Son muy sensibles al tacto y se sienten a gusto cuando se les regala un masaje lento, con una presión uniforme y constante.

Géminis

MAYO 20 - JUNIO 20

Géminis necesita cuidarse de problemas como el asma, la bronquitis y la gripe. Esto se debe a que tienden a ser del tipo intelectual, siempre atareado, que sigue andando incluso más allá del agotamiento. Pueden estar desgastados y su resistencia sufre si no descansan lo suficiente. ¡Pero detestan sentirse obligados a estar en la cama!

En ocasiones, tienen problemas para cuidar de ellos mismos a causa de que siempre están yendo de un lado a otro, a tal punto que olvidan la importancia de una rutina regular de sueño y alimentación.

Es por eso que deben intentar establecer una rutina saludable y equilibrada, que reduzca las variaciones erráticas de sus niveles de energía.

El símbolo de este signo es el de los gemelos. A menudo se dice que cada geminiano tiene dos personalidades que se aburren fácilmente. Por ello, Géminis debe procurar ejercitarse con diferentes amigos o entrenadores.

Su mejor tipo de ejercicio sería pilates, que mejora tanto su flexibilidad como su fuerza, así como probar una variedad de técnicas y disciplinas que tomen en cuenta todos los métodos que les interesen. Géminis gobierna la parte superior de los hombros y brazos, así que le funcionan los levantamientos, las flexiones de brazos ("lagartijas"), y las sentadillas sin que los pies dejen de tocar el suelo.

El sistema nervioso de Géminis suele ser muy sensible, por lo que los masajes lentos de cuerpo completo, con música suave, logran calmar sus nervios. Siempre tienen prisa, por eso, un masaje en las manos puede ser suficiente para ayudarles a permanecer concentrados y alertas cuando tienen poco tiempo.

Cáncer

JUNIO 21 - JULIO 22

Los cancerianos son del tipo emocional que puede sufrir de problemas estomacales, además de tendencia a la indigestión provocada por el estrés. También tienden a guardarse las cosas. Dado que no quieren abrumar a los demás con sus problemas, llevan sus sufrimientos en silencio.

Un canceriano típico requiere seguridad material, mucho afecto y la sensación de que se lo necesita. En la medida en que tenga esto, pueden manejar prácticamente cualquier cosa. La comida nutritiva y en un horario regular es importante para Cáncer. Sobrepasarse con el azúcar, especialmente con dulces que les recuerdan a su infancia o a un momento feliz, puede hacer que tengan sobrepeso. Debido a que es un signo de agua, un largo baño en el agua cálida de una bañera puede ser suficiente para relajarlo.

Cáncer gobierna el pasado, así como el área estomacal. Entrenar el área abdominal con métodos tradicionales como balones terapéuticos, pesas rusas o incluso sentadillas, puede ayudarlos a fortalecer su zona media. El entrenamiento central, especialmente con pilates, los ayuda a construir poder, fuerza y estabilidad, características relacionadas muy de cerca con este signo.

Cáncer es el signo del hogar y del proveedor, así que los entrenamientos deben hacerse en casa, o con compañeros seleccionados como si fueran de la familia, o bien, con compañeros menos avanzados que necesiten de la guía y el apoyo de un canceriano.

Un amoroso masaje linfático ayudará a desintoxicar, soltar y tranquilizar las emociones melancólicas y dolorosas de Cáncer.

Leo

JULIO 23 - AGOSTO 22

Los leoninos son alegres, saludables y enérgicos, siempre y cuando se sientan amados y reconocidos. Si por alguna razón no reciben la atención o el cariño que tanto desean, se vuelven dramáticos y se hacen escuchar. Ser "el alma de la fiesta" los lleva a abusar de la comida y la bebida, lo que a la larga puede tener repercusiones.

Los leoninos deben cuidar de su corazón y su espalda, pues son las áreas sobre las que gobierna este signo. Sea cual sea la debilidad física que tengan, normalmente disfrutarán tomarse un breve descanso antes de recuperar el vigor y retomar la carrera otra vez. Estar fuera de los reflectores por mucho tiempo resulta intolerable para ellos.

Leo es el signo de los líderes, pero también de los intérpretes; por ello, lo entrenamientos que involucren algún tipo de baile o las artes marciales son perfectos para mantener a Leo en forma y, a la vez, mostrarlo como una estrella. A los leoninos les encanta formar alianzas, pero solo con lo más exclusivo de las personas, lugares o cosas, por lo que entrenar en casa no es una opción.

Los leoninos deben evitar mostrarse presumidos al entrenar, o se encontrarán rápidamente lejos de la acción. Es raro que no tengan por lo menos una historia de lesiones ocasionadas por tratar de impresionar a alguien.

Un masaje vigoroso en la espalda baja les ayudará a liberar la tensión y a transformar al feroz león en un tierno gatito. Y tendrán más beneficios con su masaje si pueden evitar conversar con el profesional que se los aplica.

Virgo

AGOSTO 23 - SEPTIEMBRE 22

Los virginianos suelen ser saludables y gustan de cuidarse a sí mismos. Sin embargo, si se sienten ansiosos o infelices, sucumben a una tendencia de este signo: la hipocondría. Virgo experimenta frecuentes dolores de estómago a causa de su naturaleza incansable y nerviosa.

Para mantener la salud, no deben trabajar en exceso y necesitan aprender a relajarse. Sin embargo, tienen que ponerse trampas a sí mismos para descansar (pensando el descanso como una labor necesaria para seguir trabajando) dentro de su apretada agenda. Deben mantener bajo control la tendencia a ser extremadamente críticos y realizar más actividades para liberar la tensión. La frase “no te preocupes”, repetida como un mantra e interiorizada como verdad, puede relajarlos rápidamente si la repiten por uno o dos minutos. Los virginianos también deben evitar el alcohol y la comida demasiado condimentada.

La practicidad de Virgo puede combinarse con una rutina de entrenamiento funcional: sesiones cortas e intensas utilizando movimientos básicos y cotidianos, como extensiones, inclinaciones, flexiones o subir escaleras mejoran la atención, la coordinación y la fuerza.

Para apagar el cerebro de computadora de Virgo es necesario un tipo de entrenamiento que los haga poner atención y contar. Virgo rige sobre el sistema intestinal, por lo que deben ser muy estrictos con su dieta previa al entrenamiento y evitar los ejercicios que suponen riesgos de los cuales preocuparse.

Un masaje de puntos de presión realizado de manera organizada y precisa puede hacerle mucho bien a Virgo.

Libra

SEPTIEMBRE 23 - OCTUBRE 22

En su búsqueda de la vida ideal, los librianos se pueden sentir desolados frente a la menor dificultad y pueden sufrir de indecisión paralizante si ven que sus esfuerzos mentales no los ayudan a resolver problemas. Cuando son infelices, tienden a comer en exceso como un intento desafortunado de combatir los sentimientos de cansancio extremo, como si la extraordinaria comida fuera a darles el combustible que necesitan para volver a la carrera. Se sienten más sanos y felices cuando se involucran en trabajos que los recompensan. También puede exigir mucha dedicación y esfuerzo motivarlos a llevar una rutina regular de ejercicios.

Los librianos suelen tener una complexión fuerte, pero sus riñones y vejiga pueden fallarles a la larga debido a su gusto por la bebida de lujo.

Un ejercicio elegante y meditativo como el tai chi puede mejorar la coordinación neuromuscular de los librianos, así como trabajar cada músculo por separado e incrementar la estabilidad, a la vez que mejoran su habilidad y postura. Los librianos son sociables, por lo que necesitan un tipo de ejercicio que les permita ver a otros y ser vistos, e incluso ser escuchados. Por eso pueden apreciar un tiempo para esquiar, al igual que el tiempo para descansar fuera de la nieve.

Todo lo que involucre equilibrio es perfecto para un libriano, desde andar en patineta, hacer rutinas de entrenamiento TRX o surfear. Libra gobierna los riñones, por lo que los nativos de este signo necesitan beber agua en abundancia para mantenerlos funcionando correctamente. El jugo de cereza o de arándano puede ayudarlos en este proceso.

Los masajes de tejido profundo, combinados con terapias de polaridad, pueden ayudarle a Libra a mantener el equilibrio.

Escorpio

OCTUBRE 23 - NOVIEMBRE 21

Los escorpianos suelen ser bastante fuertes físicamente, gozan de buena salud y gobiernan sobre los órganos sexuales y excretores. Escorpio necesita liberar el estrés y la tensión haciendo el amor. Sus pasiones son profundas y sus necesidades emocionales, extensas. El boxeo, las artes marciales, la arquería o los deportes que involucren armas les llaman la atención.

Las enfermedades más comunes de Escorpio involucran problemas de nariz y garganta, desórdenes en la vejiga y problemas con los órganos reproductores y excretores. Su salud puede verse afectada si su vida diaria no los ayuda a sentirse seguros y poderosos de algún modo. Es más fácil que se sientan debilitados si tienen que estar en alerta constante o en actitud defensiva frente a una amenaza que no termina de materializarse.

Los nativos de este signo pueden recibir muchos beneficios si toman antioxidantes. Los escorpianos tienen asombrosos poderes de recuperación y es probable que sanen rápidamente en caso de enfermedad. Sus emociones corren profundamente y sus necesidades emocionales son abundantes. Andar en bicicleta, nadar o realizar entrenamientos acuáticos puede mejorar su salud cardiovascular, así como su rendimiento físico y su resistencia.

Dado el carácter extremo de escorpio, los más aventureros pueden sentirse atraídos por los deportes extremos. Los ayuda el tantra yoga y cualquier tipo de ejercicio que mejore su rendimiento sexual. Aunque el sexo es una buena forma de ejercitarse para los doce signos, Escorpio lo convierten en una obra de arte.

Un masaje sensual de piedras calientes es sumamente reparador para un escorpiano.

Sagitario

NOVIEMBRE 22 - DICIEMBRE 21

Aventurero, enérgico y activo, a Sagitario lo atemoriza sentirse enfermo o encerrado. Al estar tan lleno de vida, sus niveles de energía fluctúan y a menudo se vacían. Necesitan tener cuidado de no ganar demasiado peso en el área de las caderas y los muslos, las partes del cuerpo gobernadas por el signo del centauro.

Cualquier tipo de rutina le cobra una cuota de optimismo a Sagitario. Sin embargo, su talante positivo y amistoso lo ayuda a atravesar rápidamente los obstáculos. A los sagitarianos les gustan los riesgos físicos, por lo que es de esperar que se lesionen haciendo deporte de vez en cuando. La influencia jovial de Júpiter puede inclinar a Sagitario a comer y beber en exceso, especialmente cuando se trata de la gastronomía extranjera o de aquellos lugares desconocidos para sus amigos y familiares.

El régimen de ejercicios de un sagitariano debe incluir algún tipo de entrenamiento que se realice al aire libre, pues su mente es la del aventurero. Puede encontrar su camino viajando a nuevos sitios, esquiando en los Alpes, practicando kickboxing en Nepal o haciendo largas caminatas en algún país exótico.

La naturaleza de explorador de Sagitario puede llevarlo a entrar en un gimnasio donde pueda trepar muros, una alternativa recomendable al entrenamiento de fuerza convencional. Pero es importante recordar que la naturaleza puede ser devastadora si no se toman en cuenta las precauciones adecuadas.

Un masaje en las caderas, los muslos y las nalgas puede ayudarlos a recuperar el sentido de libre movilidad que los sagitarianos tanto ansían.

Capricornio

DICIEMBRE 22 - ENERO 19

Capricornio necesita aprender a relajarse. Las largas jornadas laborales y sus pesadas responsabilidades pueden llevarlo a sufrir dolores, rigidez, calambres y enfermedades relacionadas con el estrés. Los capricornianos tienen una conciencia aguda del tiempo y la tenacidad necesarias para alcanzar sus metas, pero necesitan tener cuidado con la depresión, especialmente cuando sientan que sus procesos se topan con un callejón sin salida. Deben asegurarse de descansar lo necesario por la noche y recibir suficiente luz durante el día. Los capricornianos suelen hacer ejercicio solamente si encuentran un espacio en su ocupada agenda, o si esto significa que sus compañeros o superiores los respetarán más.

Los huesos tienden a ser su área más vulnerable, especialmente las rodillas y los codos. Su resistencia a la enfermedad a menudo se incrementa con la edad. ¡Los capricornianos se vuelven más jóvenes a medida que envejecen! Suelen ser de hábitos moderados, gracias a lo cual pueden vivir una vejez plena.

Les gusta sentar metas y planes de acción para sí mismos. Los ejercicios de levantamiento de peso pueden ayudarlos a incrementar la densidad ósea, y los ejercicios de rango de movimiento, diseñados para mantener la movilidad y flexibilidad de sus articulaciones, deben realizarse diariamente.

También pueden llamar su atención las actividades relacionadas con la tierra, como pasear al perro, hacer jardinería, rastrillar, cortar el césped o cavar. A Capricornio le gusta seguir una rutina.

Los masajes de estiramiento con esencias que alivien el dolor, así como las tinturas herbales, pueden hacer maravillas por el bienestar de Capricornio.

Acuario

ENERO 20 - FEBRERO 18

A pesar de la enorme cantidad de energía mental de los acuarianos, a menudo se ven a sí mismos jadeando en el suelo, sin saber por qué están tan cansados. No suelen escuchar cuando los demás les dicen que bajen el ritmo y tienden a ser pacientes rebeldes que no admiten la derrota. Necesitan aire fresco, dormir mucho y hacer ejercicio regular para mantenerse sanos.

Su trabajo es demandante para sus ojos y les requiere mucho tiempo, pero nunca deben dejar que las ocupaciones les impidan hacerse un examen de la vista. Pueden tener problemas de circulación, lo que se manifiesta en inconvenientes de piernas y tobillos, que son las zonas sobre las que gobierna Acuario.

Es el signo relacionado a la electricidad, por lo que es obligatorio que su rutina de ejercicios beneficie su sistema nervioso y columna vertebral. La tecnología portable, como los monitores de pulso cardiaco en forma de reloj, a menudo tiene sistemas integrados que le ayudan a llevar un registro de su rendimiento. Esto motiva su pensamiento futurista para darlo todo en sus sesiones de entrenamiento aeróbico, gracias a la información biométrica que posee.

Los acuarianos pueden sentirse atraídos por rutinas de entrenamiento que impacten en los músculos, que constituyan un desafío para la debilidad y que los saquen de su zona de confort. A menudo eligen equipos o ejercicios que parecen extraños, poco ortodoxos o simplemente raros. Los entrenamientos tradicionales, de la mano de las últimas teorías sobre longevidad, pueden ser una combinación perfecta para Acuario.

Un masaje benéfico para llevar la mente y el cuerpo de Acuario al descanso debe concentrarse especialmente en los tobillos y las pantorrillas.

Piscis

FEBRERO 19 - MARZO 20

Los piscianos son personas saludables si se sienten amadas o bien, si tienen a su vez a quien amar y dedicarse (incluso una mascota). Un pisciano infeliz se vuelve vulnerable al alcohol, las drogas o cualquier otra forma de escapar de la realidad, lo que no es precisamente bueno para su salud física ni mental. Cuando se preocupa, Piscis puede desarrollar insomnio, pero puede retomar el espíritu positivo intentando formas relajadas de ejercicio y meditación.

El esfuerzo constante por evitar la negatividad es la causa de gran parte del estrés de Piscis, que es tan intuitivo que a menudo sabe cuándo alguien está enfermo y es capaz de sentir su dolor. Los piscianos también deben cuidar de sus pies, la parte del cuerpo gobernada por su signo. Por eso, tienen que asegurarse de usar zapatos cómodos en todo momento.

Dado que Piscis gobierna los pies, una rutina de ejercicios con un ritmo bailable es un camino perfecto hacia un entrenamiento de alta intensidad; algunas opciones pueden ser zumba, bailes de salón, swing y salsa, acompañados de buena música.

Por supuesto, Piscis es el pez, así que el entrenamiento acuático le permite a este signo de agua fluir con la corriente y ponerse en forma a la vez. Una rutina de natación puede ayudarlo a incrementar su velocidad y resistencia. Y al ser un ejercicio de bajo impacto, ¡adiós al dolor de pies! También debe asegurarse de estar siempre bien hidratado.

Un pisciano estará encantado con un masaje de reflexología en los pies, que estimulará los puntos energéticos de todos los órganos de su cuerpo.

5

Las 12 sales bioquímicas

Hipócrates, el famoso sabio griego, consideraba la astrología como pieza esencial de la sabiduría de un médico. Es una práctica común en muchas culturas consultar las estrellas para elegir el mejor momento para realizar intervenciones médicas.

La relación entre el zodiaco y el uso de sales bioquímicas se debe al trabajo del médico estadounidense George W. Carey y su compañera, la astróloga Inez Eudora Perry. Nuestro amigo, el astrólogo Leor Warner, nos presentó a Amy y a mí a este fascinante estudio en la década de los años setenta.

Las doce sales son importantes para el equilibrio mineral y el bienestar general. Una buena forma de empezar a mejorar el equilibrio mineral de tu cuerpo es tomar las sales bioquímicas asociadas a tu signo solar.

Lo que sigue es una descripción de las sales bioquímicas asociadas con cada signo, junto con las condiciones y zonas del cuerpo en las que se enfocan.

ARIES

Aries gobierna sobre la cabeza, así como sobre el cerebro, el rostro, los ojos y los oídos. Los arianos suelen ser jefes voluntariosos y tercos, con mucha ambición y motivación. Tienden al cansancio extremo a nivel mental y físico. Pueden utilizar Kali Phosphóricum (n° 6) para nutrir los nervios y el cerebro. Se utiliza para tratar los efectos secundarios del estrés y el cansancio: dolores de cabeza, insomnio, rigidez y falta de memoria.

TAURO

Los taurinos son personas confiables y trabajadoras que disfrutan de las artes: la música, el diseño y la moda. Al ser un toro el símbolo de Tauro, no sorprende que este signo gobierne la garganta, el cuello, la laringe, la lengua y la tiroides. Natrum Sulphúricum (n° 11) es su sal correspondiente. Es un remedio para el virus de la gripe y la clave para un sistema digestivo saludable, lo cual es esencial dado el estilo de vida social de Tauro.

GÉMINIS

A Géminis le encanta comunicarse. Igual que ellos, sus ideas nunca dejan de moverse. Géminis gobierna el sistema nervioso, las manos, los brazos, los hombros, los pulmones y las costillas. Kali Muriaticum (nº 5) es su sal correspondiente y es responsable de que la mayoría de las funciones corporales se desarrollen suavemente. Actúa como un tónico para los nervios y ayuda a aliviar resfriados, tos, dolor de garganta, sinusitis y bronquitis.

CÁNCER

Los cancerianos son personas hipersensibles y cariñosas que cuidan a los que están a su alrededor. Buscan seguridad y estabilidad. Esta ternura puede hacer que estén de mal humor. Cáncer gobierna el pecho, el estómago, el útero y el páncreas. Su sal bioquímica es Calcarea Fluórica (nº 1), que estimula la tonificación de las células y tejidos, huesos, músculos, dientes y venas. Esta sal también combate la fatiga, que a menudo padecen quienes se encargan de cuidar a los otros.

LEO

Los leoninos son apasionados, despampanantes y siempre atraen la atención. Se dan un festín en el amor y reconocimiento de otros. Los problemas de salud pueden desarrollarse cuando se sienten humillados o que los han descuidado. Leo gobierna el corazón, la parte superior de la espalda, la sangre y el bazo. Su sal bioquímica es el Fosfato de Magnesio (nº 8) que ayuda al corazón, además de servir contra el dolor agudo relacionado con los nervios, los calambres y los espasmos, el dolor de cabeza, el dolor de oído y la ciática.

VIRGO

Virgo gobierna sobre el sistema nervioso simpático, el colon y el intestino delgado. Los virginianos tienen una ética de trabajo práctica y les encanta solucionar problemas de manera meticulosa, pero su perfeccionismo puede llevarlos al agotamiento como resultado de sus preocupaciones. Su sal bioquímica es Kali Sulphúricum (n° 7), que suministra oxígeno a las células y ayuda a la digestión. Kali Sulph también es auxiliar en el tratamiento de problemas de la piel, infecciones por hongos y malestar estomacal.

LIBRA

Las personalidades de Libra valoran la armonía, el equilibrio y la justicia. Son muy sociables, trabajan bien en equipo y evitan tomar partido. Libra gobierna sobre los riñones, la espalda baja y las glándulas suprarrenales. La sal bioquímica de Libra es el equilibrador de pH Natrum Phosphóricum (n° 10). Se utiliza para aliviar problemas digestivos, acidez estomacal, enfermedad por reflujo gastroesofágico y reumatismo, ya que equilibra las condiciones ácidas de las células y la sangre.

ESCORPIO

Los escorpianos experimentan emociones intensas. Escorpio gobierna los órganos reproductores, urinarios y excretores. Su sal celular es Calcarea Sulphúrica (n° 3), cuya función es limpiar y purificar, lo que ayuda al cuerpo a deshacerse de los desechos almacenados y revitalizar los órganos sexuales. Calc Sulph es útil para ayudar a eliminar infecciones, resfriados, sinusitis y algunas afecciones de la piel.

SAGITARIO

Los sagitarianos están llenos de entusiasmo. Aman los deportes, los viajes y tienen grandes ambiciones. Sagitario rige sobre el hígado, los muslos, las caderas y la pelvis. Su sal bioquímica es Silicea o Sílice (N° 12), que se recomienda para tratar los huesos frágiles, así como para fortalecer la agilidad mental y emocional. Es famosa por curar la piel, los tejidos conectivos, el cabello y las uñas.

CAPRICORNIO

Capricornio gobierna sobre los huesos, articulaciones, rodillas y dientes. La naturaleza de Capricornio es confiable y seria, pero también rígida e inflexible a veces. Los capricornianos se resisten al cambio y pueden ser tercos, implacables y duros con ellos mismos y con los demás. Calcarea Phosphórica (n° 2) es la sal de nacimiento de Capricornio, por lo que se indica para aumentar la fortaleza ósea, la absorción de calcio y la recuperación de lesiones.

ACUARIO

Los acuarianos son intelectuales con visión de futuro y de mente abierta, que aman contemplar el libre flujo de ideas. La sal bioquímica de Acuario es Natrum Muriaticum (n° 9), que ayuda a regular el agua en las células y tejidos del cuerpo cuando existe un desequilibrio de humedad. Otras áreas del cuerpo regidas por Acuario son el sistema circulatorio, la parte inferior de las piernas, los tobillos y también las muñecas.

PISCIS

Los piscianos son artísticos, soñadores y sensibles. Les gusta ayudar a los demás y tienden a sacrificarse por los que aman. Piscis rige el sistema inmunológico y los pies. Su sal de nacimiento es Ferrum Phosphóricum (n° 4), que transporta oxígeno a cada célula del cuerpo y ayuda a acelerar la recuperación en las primeras etapas de la fiebre, la inflamación y los resfriados. También es de ayuda en la acción de todas las demás sales bioquímicas.

6

Cristales sanadores y piedras de poder

Los cristales son herramientas espirituales que pueden enseñarnos a llevar nuestra mente hacia una mayor sensación de paz, nuestro cuerpo hacia un estado más centrado y estable, y nuestro espíritu a conectarse con el infinito de donde nace todo lo creado. Las piedras preciosas pueden recordarnos verdades más elevadas y mantenernos centrados en esa luz.

Cuando nos damos cuenta de que las piedras tienen cualidades como belleza, frecuencia, color y sus posibles aplicaciones, la "medicina" de piedras puede ayudarnos a explorar cuáles son nuestras necesidades actuales y cómo podemos transformar ciertas situaciones al utilizar una piedra como eje de enfoque para la meditación, así como fuente de inspiración. Las gemas y los minerales tienen patrones e imágenes en sus superficies que pueden transportarnos a otro mundo, encendiendo nuestra imaginación. Son muy táctiles y suaves para tocarlas o llevarlas con nosotros.

La idea de curar con cristales se popularizó por primera vez en la década de 1930, cuando el famoso psíquico estadounidense Edgar Cayce afirmó tener curiosas visiones. En ellas, se le reveló que en la época de la Atlántida se usaban cristales como fuente de energía. Incluso describió una piedra angular de cristal en una pirámide ubicada en el centro que podría impulsar aeronaves. También mencionó piedras específicas al prescribir protocolos de curación para las personas a quienes trataba.

Marcel Vogel fue investigador de cristales, así como también científico veterano de IBM durante veintisiete años. Según él, "el cristal es un objeto neutral cuya estructura interna muestra un estado de perfección y equilibrio... Como haría un láser, es capaz de irradiar energía en una forma estable y altamente concentrada, y esta energía puede transmitirse a los objetos o personas a voluntad. Con el entrenamiento adecuado, un sanador que usa un cristal puede ayudar a sanar formas de pensamiento negativas que se han configurado como patrones de enfermedad".

Una gema o una simple piedra pueden convertirse en un amplificador para la meditación, el cual puede ayudarnos a transformar diversas situaciones. Las piedras pueden mantenernos estables y recordarnos que hay una verdad superior. Al visitar el reino mineral en busca de ayuda durante nuestro proceso de sanación, estamos conectándonos con herramientas que nos permiten buscar en lo profundo de nosotros la razón del malestar que se manifiesta como enfermedad. La causa del malestar puede estar en creencias negativas, factores ambientales o incluso interacciones con personas, lo que puede crear verdaderos desastres en nuestro campo energético. Cuando consumimos alcohol o drogas también podemos afectar nuestros campos energéticos y provocar un cortocircuito en nuestras vibraciones.

Recuerda que la sanación mediante cristales siempre debe usarse de la mano de la medicina convencional y no como un sustituto. Hay muchos factores que contribuyen al bienestar. Las enfermedades deben ser atendidas por un médico de confianza. Sin embargo, el estrés y la angustia también pueden tener un efecto profundo en la salud. Todos los pensamientos y acciones tienen consecuencias, y son capaces de crear armonía o discordia. La falta de armonía también puede causar enfermedades. Trabajar con rituales, piedras y cristales curativos puede ayudarnos a crear armonía, manejar el estrés y sentirnos mejor.

Las piedras curativas ofrecen una hermosa estabilidad y pueden ayudarte a que te concentres en compensar tus debilidades enfatizando tus fortalezas. Cuando usamos cristales o piedras como herramientas de sanación, estos nos otorgan la capacidad de reequilibrar una vibración disruptiva para que podamos tomar conciencia de la razón detrás de la angustia.

A continuación describimos la naturaleza y el mensaje especial de sanación que los cristales poseen para cada signo del zodiaco. Hemos recopilado la información de estas asociaciones astrológicas a través del trabajo con ellas durante muchos años y sugerimos la piedra de poder perfecta para cada signo.

ARIES: GRANATE

El granate toma su nombre de la semejanza de su color al rojo intenso de la granada. Puede ayudar a tener éxito en aquello en lo que crees apasionadamente y, cuando es necesario, puede encender las brasas de la energía sexual. También puede ser útil cuando se necesita sabiduría y equilibrio durante ese importante intercambio de energías. Si fuera el caso, busca en tu interior para ver si el amor verdadero, la ternura y el respeto genuino y afectuoso son parte de la pasión romántica.

El granate puede ayudarte a mantener el equilibrio y la autoconciencia, además de destruir la fugacidad, dejando en su lugar el amor, el romance y, a veces, la lujuria, para aquellos que la necesitan.

Debido a la riqueza de su color y asociación con el chakra raíz, el granate sugiere una poderosa influencia para la sensualidad y la sexualidad. Puede ayudar a ponerte en contacto con tus instintos animales, permitiéndote actuar y reaccionar con la sabiduría pura del cuerpo. Los terapeutas que reconocen el poder de las piedras preciosas utilizan el granate para acompañar a las parejas cuya química sexual ha comenzado a disminuir.

Para meditaciones y rituales, el granate se usa principalmente como piedra de poder para mejorar la confianza en nosotros mismos y ayudar a manifestar objetivos tanto personales como profesionales. El granate tiene propiedades útiles para hallar inspiración en tiempos de confusión. El granate rojo es una piedra de amor profundo y ayuda a asegurar la fidelidad en las relaciones. Es una piedra de paciencia y persistencia, así como un emblema de la conciencia espiritual y la compasión.

El granate es sumamente versátil: infunde valor en quien lo usa para buscar respuestas, y las respuestas que surjan como resultado de esta búsqueda serán útiles e importantes. Cuando se usa con frecuencia, se cree que la piedra aumenta la energía y estimula el amor romántico.

El mensaje del granate: gracias a su energía audaz es un amuleto perfecto para alguien cuya confianza necesita un empujón. Debido a sus cálidas vibraciones es una buena piedra de meditación para la seguridad y la intimidad.

Otras piedras preciosas buenas para Aries son la piedra de sangre, el jaspe rojo y la pirita.

TAURO: CUARZO ROSA

El cuarzo rosa es la piedra indicada para ayudar a sanar el corazón, pues funciona a nivel emocional. Con ella serás más consciente del amor que te rodea al ponerte en contacto con tus emociones. El cuarzo rosa nos enseña a amarnos más, abriéndonos así a un mayor amor universal. Cuando no nos amamos a nosotros mismos por completo llevamos una herida siempre abierta, una herida que clamará para ser sanada. El cuarzo rosa cura las heridas emocionales dejando en su lugar compasión y consuelo. Puede ser de gran ayuda para atravesar duelos.

Las propiedades del cuarzo rosa incluyen la paz interior, la tranquilidad y todo aquello relacionado con dar y recibir afecto.

A diferencia de los bordes afilados de los cristales de cuarzo blanco, el amoroso cuarzo rosa atraviesa la Madre Tierra en forma de grandes vetas, como si fueran la sangre misma de la vida. Utilízalo cuando necesites mostrar compasión y generosidad o cuando requieras sanación y perdón. El cuarzo rosa puede ayudar a los sobrevivientes del trauma y el dolor de una infancia desdichada. Si esto aplica para ti, empieza por perdonarte a ti mismo y a los demás. Sé amable contigo y con otros; todos tenemos nuestras propias heridas. A partir del perdón se abre un camino de sanación verdadera.

También puedes dejar un cuarzo rosa cerca de tu mesa de noche, junto a la cama. Los dolores de un antiguo problema pueden resurgir en sueños pero puedes lidiar mejor con ellos mediante una afirmación antes de acostarte: estás listo para perdonarte a ti y a los demás, así como para dejar ir el dolor de eventos pasados.

El mensaje del cuarzo rosa: la autorrealización y la paz interior vienen de amarte y cuidarte a ti mismo, así como a tus seres queridos. Trabaja tanto en dar como en recibir amor. Recuerda perdonar.

Otras buenas piedras preciosas para Tauro son la esmeralda, la malaquita y la selenita.

GÉMINIS: ÁGATA

El ágata es un protector excelente para el cuerpo y el campo áurico. Puede ayudarnos a concentrarnos en el crecimiento y la sanación. Atrae fuerza y vitalidad, y tiene la capacidad de ayudar a equilibrar el cuerpo. Una propiedad especial del ágata es la combinación y el equilibrio de las energías para el poder, la protección y las cualidades organizativas, lo que provoca un efecto estabilizador. El ágata también puede ayudar a reforzar la conexión del cuerpo con la tierra. Puede infundir valor y disipar los temores, lo que aumenta la confianza en nosotros mismos. Nos da la fuerza para seguir adelante, incluso cuando nos sentimos débiles o cansados.

El ágata ofrece protección contra las pesadillas, así como del estrés y la preocupación. Las ágatas con franjas de colores pueden ayudar a atraer sueños ricos y variados cuando se colocan cerca de la cama.

Desde los albores de nuestra civilización, las ágatas han sido piedras muy codiciadas. Se las utilizó como joyería y como herramientas de poder espiritual en Babilonia. Los hechiceros persas usaron este cristal para tratar de cambiar el clima. En la antigua Asia, las ágatas se usaban para ver el futuro. Estudiar sus patrones circulares ayudaba a abrir el camino para recibir consejo y mensajes que conectan las sendas entre la mente consciente y el inconsciente.

El ágata contribuye a la sanación emocional, especialmente para combatir la amargura y el resentimiento. Se cree que es una piedra de armonía y que, por lo tanto, puede ayudar a suavizar los sentimientos de envidia y disipar el nerviosismo. Al armonizar los elementos que nos componen, es capaz de mejorar nuestras relaciones con los demás. El ágata estimula también la creatividad y el intelecto. Lleva contigo un ágata cuando debas tomar una decisión importante.

El mensaje del ágata: colocar un ágata sobre la mesa de noche puede ayudarte a aliviar el insomnio y tener sueños placenteros. Si tu trabajo tiene que ver con números, un ágata en el escritorio mejorará tu precisión. También serás más analítico y creativo en tu perspectiva sobre las situaciones.

Otras buenas piedras preciosas para Géminis son el cuarzo blanco, el ojo de tigre y la turmalina bicolor.

CÁNCER: CORNALINA

La cornalina estabiliza nuestra energía y nos ayuda a prestarle atención al momento presente, enseñándonos a enfocar y manifestar nuestro poder personal. Úsala para procurarte fuerza y coraje para persistir. La cornalina ayuda a aliviar el estrés y la ansiedad, así como a mejorar la memoria.

Usa la cornalina cuando los obstáculos de tiempo o de espacio, así como las noticias desalentadoras amenacen con bloquear tu camino. Si esto aplica para ti, es necesario que mires por debajo de la superficie de las cosas para que sepas lo que realmente está sucediendo ya que, en ocasiones, las cosas no son lo que aparentan. No hay razón para rendirse, al menos no hasta tener un panorama completo. Una vez que lo sepas, la cornalina puede hacerte recobrar el valor.

Lleva una cornalina contigo para protegerte de quieres usan su poder contra ti. También puede ayudarte a recuperar el impulso para alcanzar tus metas, para darle vida a un nuevo proyecto o bien para poner manos a la obra en uno ya existente. Se cree que la cornalina previene la depresión, pues ayuda a mantener el valor mejorando la autoestima y aportando perspectivas optimistas.

La cornalina estimula la energía, el poder físico, el coraje y ayuda a mantenerte en el plano terrenal.

Los antiguos egipcios utilizaban la cornalina en amuletos, pues se creía que protegería al portador contra todos los males, el enojo y la envidia. Los místicos del Renacimiento tenían amuletos de cornalina en sus propias casas como protección contra las maldiciones.

El mensaje de la cornalina: ofrece paciencia mientras actúa contra las dudas y los pensamientos negativos. También es de ayuda en la toma de decisiones al darnos una firme conexión con el presente, por lo que puedes elegir con base en la realidad actual y no en el pasado.

Otras gemas adecuadas para Cáncer son la cuncita, la amonita y la piedra de Luna.

LEO: CITRINO

El color dorado del citrino ayuda a restaurar la mente como si le infundiera luz solar, que es la fuente que da vida. El citrino nos ayuda a mantener una perspectiva positiva, elimina bloqueos y temores en todos los niveles, y nos ayuda a comunicarnos mejor con los demás. También crea una sensación de estabilidad, aumenta la energía y el equilibrio emocional, además de ofrecer un enfoque racional de las cosas, que nos arraiga en el aquí y el ahora.

La energía del citrino nos enseña que una actitud positiva y optimista producirá un resultado positivo. Úsalo cuando necesites autoestima y confianza en ti mismo. El estrés y la fatiga, ya sean emocionales o físicos, pueden hacer que la vida parezca sombría, lo que vuelve difícil hacerle frente a los desafíos. Asegúrate de descansar lo suficiente y diviértete. El citrino puede ayudarte a recuperar tu equilibrio emocional, porque todos nos alejamos de nuestro camino de vez en cuando. Cuánto tiempo nos toma recuperarnos es lo que determina nuestros éxitos y fracasos.

El citrino es una de las mejores piedras para manifestar poder tanto a nivel práctico como mágico. Debido a que fomenta un ego sano, la autoestima y los sentimientos de valor, fortalece a su portador tanto de manera emocional como espiritual. Muchos de los sanadores que utilizan cristales en su práctica creen que la piedra puede aumentar el significado de los sueños y abrir la mente a nuevas y más positivas formas de pensamiento. Debido a su color, se cree que fortalece los sistemas urinarios y endocrinos.

También es famoso por limpiar impurezas tóxicas en el aire y el aura. En el nivel metafísico, se cree que aumenta la fuerza de voluntad, la felicidad y la confianza al tiempo que reduce las tendencias autodestructivas. Como resultado, también puede atraer buena fortuna, a menudo de maneras sorprendentes.

El mensaje del citrino: algunos terapeutas creen que las personas que han perdido el sentido de identidad individual debido a una relación infeliz o abusiva pueden recuperar gran parte de su poder personal al meditar regularmente con el citrino.

Otras buenas gemas para Leo son el ámbar, el topacio y el jaspe.

VIRGO: JADE

Esta piedra actúa de manera protectora, tanto en el nivel físico como en el espiritual. Desde hace mucho tiempo se cree que el jade facilita y fortalece una vida larga y pacífica. Los chinos tradicionalmente han tenido el jade en alta estima y tiene una historia encantadora como talismán protector capaz de aliviar la preocupación y la ansiedad de Virgo.

Desde la antigüedad, los amuletos de animales tallados en jade se utilizaban para fomentar una vida más saludable y atraer protección espiritual cuando era necesario. El jade también se usaba en rituales para atraer riqueza y fortuna, y por eso las estatuas de jade para la abundancia y la protección eran comunes. Los platos eran a menudo tallados en jade porque se creía que la gema facilitaría la longevidad y que la comida o la bebida en los recipientes de jade absorberían esa energía.

El jade otorga paz, calma, armonía, tranquilidad y claridad mental, y ayuda a expresar los verdaderos sentimientos y emociones con seguridad. Influye poderosamente en los asuntos del corazón y puede mejorar las relaciones. Es maravilloso para reparar conexiones de relaciones y lazos que se han perdido o se han roto.

También inspira y fomenta el pensamiento creativo, así como un entorno más unido, por lo que puedes usarlo para desarrollar la capacidad de contraer responsabilidades con socios, familiares o compañeros de trabajo.

En asuntos de negocios, el jade propicia la conexión de personas con agendas diferentes y, en ocasiones, conflictivas y hace que trabajen para alcanzar objetivos comunes. Crea una atmósfera armoniosa junto con el deseo de éxito y abundancia sin materialismo ni codicia.

Además, el jade favorece el razonamiento claro y, al hacerlo, estimula una excelente toma de decisiones. Debido a que tiene un efecto de equilibrio, motiva a los portadores a creer que sus planes y ambiciones son dignos de éxito.

El mensaje del jade: esta piedra ayuda a aquellos de temperamento nervioso o que se abruman fácilmente. Sus vibraciones amorosas harán que te recuperes de traumas emocionales por su aporte de energía terrenal y de la sensación de seguridad.

Otras gemas apropiadas para Virgo son la amazonita, el zafiro y el circón.

LIBRA: TURQUESA

Una de las más antiguas piedras de protección es la turquesa y se ha utilizado en rituales sagrados relacionados con la energía del cielo a causa de su color, además de su capacidad de atraer esa energía hacia la tierra. Fue apreciada tanto en Asia como por las culturas nativas de América y se la conoce como una piedra de múltiples aplicaciones, excelente para producir un sentido de autoconciencia así como la capacidad de comunicarse honestamente desde el corazón. Esta piedra, al igual que muchas otras, alienta el pensamiento creativo, pero la particularidad de la turquesa es la de canalizar esa energía creativa de una manera productiva y útil que beneficia a quien la usa y a la comunidad en general.

La turquesa es considerada un amuleto de la suerte pues facilita la atracción de la abundancia y la prosperidad. Tiene una influencia equilibradora que ayuda a la toma de decisiones. Induce la relajación mental y reduce el estrés, además de promover la confianza, la sintonización y el bienestar físico.

La turquesa azul verdosa es una piedra sagrada para muchas culturas en todo el mundo. Úsala cuando sientas la necesidad de recurrir a guías espirituales al alcanzar un momento importante en tu vida o bien en una encrucijada. La turquesa es útil cuando necesitas restablecer la comunicación con tu Ser Superior y estimula tu desarrollo a nivel espiritual. Si esto aplica para ti, es hora de tomar medidas para restablecer tu fe. La vida a menudo parece carecer de sentido cuando se debilita nuestra fe en las fuerzas invisibles que nos rodean y nos sostienen.

La turquesa puede ayudarnos a que nuestras adversidades no nos obstaculicen. Restaura nuestro sentido del humor para que podamos disfrutar de los regalos de la vida, así como de sus desafíos, ya que no podemos tener los unos sin los otros. Los milagros se pueden ver todos los días. La turquesa es una piedra de cabecera para los sanadores metafísicos, que creen que tiene el poder de energizar el cuerpo y el espíritu, así como de equilibrar la disparidad entre los hemisferios izquierdo y derecho del cerebro.

El mensaje de la turquesa: la comunicación es más que palabras y la turquesa puede ayudarte a conseguirla. Llevar una pequeña turquesa te ayudará a mantenerte en tu centro y mejorará tu sensibilidad y tu sexto sentido.

Otras piedras preciosas apropiadas para Libra son los diamantes, el topacio azul y la lepidolita.

ESCORPIO: OBSIDIANA

La obsidiana es una piedra de protección que evita que los demás tomen tu energía y te agoten emocionalmente. Puede actuar como un escudo contra vibraciones no deseadas y cuidarte de daños físicos o emocionales. Los nativos americanos llevan esta piedra con ellos como protección contra energías negativas o ataques psíquicos.

La obsidiana contribuye a la estabilidad emocional en momentos de alto estrés, en parte al evitar que la energía se drene fuera del cuerpo. El anclaje a tierra es el atributo más fuerte de esta piedra. Llevar la obsidiana contigo te ayudará a prevenir los patrones de pensamiento negativos y también se puede usar para limpiar un espacio, porque elimina las vibraciones de entidades inútiles o distractoras.

Es una excelente herramienta para practicar la observación mediante cristales. Algunos la prefieren por sobre la tradicional bola de cristal de cuarzo transparente, pues observar las profundidades negras de la obsidiana les permite llegar más fácilmente a sus mensajes subconscientes.

La obsidiana parecida a un vidrio negro se forja en las erupciones volcánicas y es la manera en la que la Madre Tierra elimina lo antiguo para dar paso a lo nuevo. Es de gran ayuda con las transiciones, así que úsala cuando te des cuenta de que lo antiguo debe dejarse ir por completo antes de que lo nuevo pueda entrar en tu vida. También puede ser útil cuando las obsesiones, los pensamientos o acciones negativas te estén bloqueando. Si esto aplica para ti en este momento, trata de hacer que cada pensamiento y acción negativos que encuentres en ti mismo o en los demás te recuerden que debes pensar y actuar positivamente.

Con esta gema recuperarás habilidades que creías olvidadas dentro de ti y serás más consciente de tu verdadero lugar en el universo, pues agudiza la visión interna. También te ayudará a ser más consciente de tus imperfecciones y, al mismo tiempo, te ofrecerá soluciones y revelaciones constructivas.

El mensaje de la obsidiana: no cedas ante el deseo de pensar y actuar negativamente, incluso si otros lo hacen. Esta es una enseñanza difícil pero muy poderosa. Nuestra negatividad siempre encuentra maneras desagradables de regresar. La obsidiana puede ayudarte a enfrentar la negatividad y mantenerte centrado en tiempos de inestabilidad. No te resistas al cambio.

Otras buenas gemas para Escorpio pueden ser el ónix, el rubí y el ópalo negro.

SAGITARIO: AMATISTA

El color púrpura de la amatista (el color del espíritu puro y las cosas aparentemente mágicas relacionadas con él) es sumamente raro en la naturaleza. Úsalo cuando necesites que el universo te dé paz y calma. Si esto aplica para ti, prueba esta meditación básica: tómate unos minutos para respirar con calma y centra tu atención en la respiración. Deja que todos los pensamientos se desvanezcan como nubes. Después de un tiempo, podrías sentir la voz de tu Ser Superior. Esto te hará tomar conciencia del miedo natural a no tener el control o a no saber exactamente qué hacer más adelante en el camino. La amatista puede ayudarte a confiar en ti mismo y "dejar todo en manos de Dios". Sostener una amatista puede ayudarte a aliviar el dolor y la pena de una pérdida o derrota.

Esta piedra es fácilmente reconocible por su hermoso color y famosa por promover serenidad y sentimientos de paz. La amatista tiene su reputación de piedra curativa desde los tiempos antiguos y medievales, cuando fue utilizada como amuleto contra la intoxicación y la embriaguez. La amatista es una piedra de poder en muchos niveles y tiene la intención de curar el cuerpo y el espíritu. También ha sido utilizada durante mucho tiempo para abrir los centros psíquicos de las personas.

Esta piedra tiene un efecto calmante y relajante. Los sanadores holísticos suelen utilizar amatistas para aliviar el dolor de muelas y los moretones.

Apacigua a las mentes hiperactivas y brinda una sensación de tranquilidad a quienes están agotados por el exceso de trabajo. Se utiliza como piedra de sueño y para evitar el insomnio. Para aquellos que son psíquicamente sensibles, puede mejorar su capacidad de ver más allá. Puede ser un talismán de protección contra los celos, la envidia y el engaño.

El mensaje de la amatista: se cree que es útil en el tratamiento del insomnio. Poner una amatista debajo de la almohada ayuda a experimentar un mejor sueño REM, con menos posibilidades de que el descanso se interrumpa.

Otras piedras preciosas buenas para Sagitario son la sodalita, la sugilita y la tanzanita.

CAPRICORNIO: ÁMBAR

El ámbar es la muestra geológica más antigua utilizada en joyería. Los arqueólogos que excavan sitios primitivos cerca del Mar Báltico han encontrado evidencia de joyas de ámbar que tienen aproximadamente cuarenta mil años.

Esta piedra de la buena suerte reúne la fuerza purificadora y revitalizadora del Sol con la energía absorbente y transformadora del planeta que habitamos para crear una poderosa herramienta metafísica. En la mitología, Apolo lloró lágrimas de ámbar después de ser expulsado del Olimpo. Las amas de casa medievales quemaban ámbar para tener buena energía en sus hogares. Los sanadores nativos americanos lo usaron en ceremonias de fuego.

Los antiguos griegos descubrieron que, al frotar vigorosamente una pieza de ámbar, esta se cargaba de electricidad. Un antiguo nombre del ámbar era *electrón*, de donde proviene nuestra palabra para *electricidad*. El uso del ámbar como valiosa herramienta de poder espiritual se remonta al origen de nuestros ancestros humanos.

El ámbar absorbe la energía negativa, nos conecta al plano terrestre y protege a las personas sensibles. Le da vitalidad a nuestra aura y centra a las personas durante la meditación. Si llevas contigo un pequeño ámbar te ayudará a calmar tus nervios. Además, permite que las personas sean receptivas al universo y, al mismo tiempo, las ayuda a mantenerse físicamente alertas.

Técnicamente el ámbar no es un cristal sino un compuesto orgánico. Hace unos 360 millones de años, de los pinos hoy extintos brotaban resinas espesas y pegajosas. A medida que estas resinas fluían, una variedad de materia viva y en descomposición quedaba atrapada en su interior. Luego la resina se fosilizó bajo la gran presión de los cambios de la tierra. Muchas tradiciones antiguas asocian el ámbar con la fuerza vital universal porque, esencialmente, la vida real ha sido atrapada en su interior.

El mensaje del ámbar: es excelente para eliminar obstáculos autoimpuestos en cualquier proyecto. Promueve un comportamiento constructivo, alimentado por la confianza en ti mismo. Puede atraer nuevas amistades y ayudarte a enfocar tus intenciones de manifestación para alcanzar tus metas.

Otras gemas apropiadas para Capricornio son el azabache, el cuarzo ahumado y la crisoprasa.

ACUARIO: LAPISLÁZULI

La Madre Naturaleza parece haber usado el lapislázuli para capturar el azul profundo del cielo en forma sólida. Las relucientes inclusiones de pirita contra el fondo azul oscuro de esta espléndida piedra crean la sorprendente semejanza a una galaxia. Lapislázuli es una piedra excelente para ayudarte a dormir tranquilamente y tener sueños psíquicos. Puede hacer que la mente se aclare sobre ciertos asuntos. Permite la comunicación cósmica con otras dimensiones de la realidad. Dormir con esta piedra preciosa en una mesa de noche, junto a la cama, puede ayudarte a ver el significado de tus sueños con mayor claridad, permitiéndote interpretar y comprender sus mensajes o la información que se te presenta en ellos.

Utiliza lapislázuli para atraer éxito en los negocios y otras actividades mundanas que beneficien a grandes porciones de la humanidad. Es bueno usarlo para misiones e intereses humanitarios, ya que tiene efectos de gran alcance. Las culturas antiguas valoraban el lapislázuli más que el oro. En Egipto se acostumbraba a dejar un lapislázuli en forma de escarabajo junto con los muertos, pues se creía que ofrecía protección. También se cree que aumenta el amor superior, los poderes de la inteligencia y las intenciones profundas.

El lapislázuli puede acercarte a la cooperación de la fraternidad y la sororidad universal para producir abundancia. Algunas otras propiedades de lapislázuli son la iluminación, la sabiduría, la revelación mental y la claridad de pensamiento. También es útil cuando se bloquean los sistemas de intercambio de información, transporte y comunicación. El lapislázuli puede ayudarte a comunicar tus más arraigadas creencias y ponerlas en práctica en el mundo exterior. Es de especial valor para las personas tímidas e introvertidas porque las ayuda a expresarse. La expresión de tu verdadero yo puede soltar energías que de otra forma reprimirías. El lapislázuli libera las emociones viejas y enterradas, y esto disipa la depresión.

El mensaje del lapislázuli: medita con lapislázuli cuando necesites que todos los métodos para llevar, transportar y transformar a las personas, los servicios y los hechos sean lo más directos y simples posibles. Úsalos cuando necesites una perspectiva superior sobre tu situación. Cuando se utiliza lapislázuli para limpiar los canales bloqueados es de esperar que las energías sean un poco caóticas en un principio, antes de que se calmen.

Otras piedras preciosas buenas para Acuario son la fluorita, la azurita y la labradorita.

PISCIS: ÓPALO

El ópalo debe su belleza a los reflejos de las pequeñas imperfecciones y al agua atrapada entre sus células cristalinas. La danza del color en el ópalo es el resultado de la luz que irradian millones de esferas microscópicas de sílice. Al observar los reflejos y chispas de colores luminosos dentro de un ópalo te convencerás de que este es un cristal hermoso y poderoso.

Un ópalo puede atraer iluminación, honradez o incluso las llamas de la pasión. Mejora las emociones y amplifica los rasgos personales. El ópalo puede ayudarte con casi cualquier aspecto de la vida, como la alegría, el amor o el éxito. Deja que tu ópalo avive el deseo de tu corazón y lo materialice en la realidad. El ópalo magnetiza las oportunidades para que las cosas sucedan en formas nuevas y emocionantes. Úsalo para atraer la buena suerte y la buena fortuna, así como para iniciar la conciencia de prosperidad y alentar las nuevas ideas.

El ópalo actúa como imán que atrae luz sobre aquello que te interesa y aumenta tu capacidad para ver las grandes posibilidades. Te anima a ver la vida como un baile, incrementando tus emociones y elevando tus experiencias.

Hay dos categorías principales de ópalo, el común y el precioso. Los ópalos preciosos tienen esos famosos destellos arcoíris. Los ópalos comunes son piedras sin fuego.

Si estás aburrido o te sientes atrapado en la rutina, cualquier tipo de ópalo puede encender la llama de la pasión y avivar tu imaginación, ayudándote a encontrar soluciones a problemas cotidianos. Aumenta el poder en todo.

Incluir esta piedra preciosa en cualquier oración, ritual o trabajo creativo fortalecerá tu intención y afirmación. Los chamanes usan ópalos en importantes ceremonias en las que tienen visiones. Puedes portar o sostener un ópalo para la adivinación y el oráculo, y así mejorarás tu sintonía con los mensajes del tarot y otras formas de adivinación.

El mensaje del ópalo: es una lente de aumento para tus pensamientos y tus sentimientos que promueve todas las habilidades intuitivas. En la antigüedad se pensaba que el ópalo era una piedra curativa muy poderosa y se creía que abría los sentidos del tercer ojo. El ópalo puede ser una puerta de entrada a tu conciencia espiritual.

Otras piedras preciosas adecuadas para Piscis son la aguamarina, el coral y la perla.

7

Aromaterapia y esencias

Crear tu propia aromaterapia es una maravillosa forma de hacer magia. La mezcla correcta de aceites esenciales y otros ingredientes de origen botánico y mineral produce beneficios óptimos para tu cuerpo, mente y espíritu.

A continuación, encontrarás los efectos terapéuticos y aromáticos de los siguientes aceites y aromas, que son fáciles de conseguir, para regenerar tu energía y revitalizarte. Solo agrega unas gotas a tu baño, vierte un poco de aceite esencial en un algodón e inhala el aroma, o bien agrégalo en agua en una botella con atomizador y rocíalo en el aire cuando sientas que necesitas un impulso especial para calmar y elevar tu espacio personal.

- Elige aceites esenciales 100 % puros y orgánicos.
- Llena un atomizador vacío y sin uso con 120 ml de agua purificada.
- Añádele 20 gotas de aceite al agua.
- Una vez añadidos, cierra la tapa y agita con cuidado para que los ingredientes se mezclen.
- Vamos a energizar la mezcla final sumando nuestra intención, observando con el ojo de nuestra mente el éxito futuro de lo que hemos deseado.
- Úsalo tanto como necesites. Por lo general, dos o tres disparos son suficientes, pero está bien si quieres usar más.
- Luego de usarlo, almacena la botella preparada en un lugar fresco y oscuro para proteger su contenido.

ARIES

Los arianos son honestos, valientes y testarudos. Su naturaleza intensa, asertiva e intrépida está llena de encanto y carisma. Prefieren los aromas estimulantes y audaces, ricos y especiados que impregnan su espacio con seguridad y brillante calidez.

El olíbano y el romero ayudan a mantener la fuerte energía de Aries y la hierbabuena puede ayudar a relajar y calmar, así como a curar los dolores de cabeza, a los que son propensos los arianos. Las notas de fragancia con toques de cálido jengibre, pimienta y clavo de olor son aromas penetrantes que estimulan, purifican y vigorizan al niño salvaje que es Aries, ese que ama desatar el espíritu libre que lleva dentro.

TAURO

Tauro es amable, terrestre, paciente y práctico, por lo que el mejor tipo de aroma para él es una lujosa combinación de flores ricas, dulces y cremosas como la madreselva, la gardenia o la magnolia, para fomentar los sentimientos de protección y seguridad. Los taurinos son leales, pragmáticos y de buen humor.

A Tauro le encanta la armonía. El arte hermoso, la música y los deliciosos aromas son importantes para un taurino, ya que este signo está regido por Venus, el planeta del amor y el afecto. Para nutrir tu naturaleza sensual prueba el pachulí y el ylang ylang. El hisopo y el cerezo silvestre ayudarán a aliviar el dolor de garganta que a veces los molesta.

GEMINIS

Los geminianos son ingeniosos, cambiantes, versátiles, conversadores y cultos. Dentro de cada uno de ellos, en realidad, hay dos personas diferentes con gustos muy distintos entre sí. A los nacidos bajo este signo les encanta comunicarse y expresar su punto de vista. Ellos saben mantener el interés. Inhalar albahaca, bergamota y pomelo les resultará excelente para nutrir su mente hiperactiva.

Su necesidad de estimulación mental también podría verse activada por un ligero toque de menta o cítricos, y mejorarán su habilidad en las multitareas con lavanda y lirio de los valles para crear un ambiente inspirador, alegre, positivo y mejorar la concentración. El eucalipto puede ayudarlos con los problemas respiratorios.

CÁNCER

Los cancerianos son cariñosos, tenaces y sensibles. Los nacidos bajo el signo astrológico de Cáncer son famosos por su capacidad para alimentar y proteger a los demás. Los sentimientos y los estados de ánimo que producen son una parte importante de ser un canceriano.

Para sentir alivio y mantenerse centrados pueden recurrir a los aromas protectores del melón, la vainilla y el coco. Otros aceites buenos para ellos son el sándalo y la lavanda para estimular la sensación de paz y bienestar emocional, lo que a su vez facilita la liberación de emociones negativas reprimidas y permite abordarlas.

La manzanilla y la menta son buenas para ayudarlos con la digestión.

LEO

El amoroso Leo rige el proceso creativo. Los leoninos son dramáticos, orgullosos, organizados, románticos, juguetones y divertidos. Necesitan muchos halagos y reconocimiento, y exigen atención. Pueden mostrarle al mundo cómo vivir, reír y amar la vida realmente. Los aceites de limón y jengibre ayudan a aliviar los dolores de espalda, un área que puede ser sensible para Leo, así como el ajo y la mejorana, que son buenos para el corazón.

Un encantador aroma digno de la realeza debe incluir canela, mandarina y nuez moscada para estimular la creatividad, el deseo, el enfoque y la motivación. También los ayuda a mantener una actitud positiva y a magnificar el propósito de la vida de un leonino.

VIRGO

Virgo es un signo de tierra. Las personas nacidas en esa temporada son enérgicas, analíticas, inteligentes, confiables y responsables. Tienen los pies en la tierra y poseen el don del discernimiento. Les gustan los olores que son limpios y simples pero especiales. Los virginianos suelen ser meticulosos y perfeccionistas.

Para aliviar sus preocupaciones se pueden beneficiar con el pachulí, la melisa y la manzanilla, que los ayudarán a calmar su sistema nervioso, apaciguando los sentimientos abrumadores que hacen trabajar en exceso su mente regida por Mercurio. La lluvia, el cedro o el pasto también son refrescantes y le recuerdan mantenerse cerca de la naturaleza.

LIBRA

La fidelidad, la colaboración y la lealtad son esenciales para un libriano. Quieren estar rodeados solo de lo mejor. Libra es un signo de aire, por lo que las ideas y los pensamientos felices son importantes para ellos. El cedro inspira firmeza para sus periodos de indecisión.

Para sus gustos refinados y aguda percepción, sugerimos neroli (azahar) y lavanda para ayudar a lograr el equilibrio y la armonía, así como para mejorar su apreciación de la belleza. La esencia de rosas es relajante, calmante y ayuda a fortalecer el ser interior de Libra, que es delicado pero fuerte, porque tiene un efecto estimulante sobre la psique y contribuye al equilibrio.

ESCORPIO

Los escorpianos son intensos, leales y decididos. Son los mejores detectives del zodiaco y les gusta descubrir la verdad escondida. Tienen fuertes pasiones, por lo que los aromas intensos los atrapan.

El jazmín nutre su lado sensual y el geranio puede ayudar a suavizar su naturaleza intensa.

Los escorpianos son la encarnación de la brillante frase de Oscar Wilde: "Puedo resistir todo en la vida, excepto la tentación". Los atractivos aromas de glicina, anís o nardo se adaptan bien a su naturaleza sensual y los hacen entrar en contacto con sus poderes místicos. También los ayudarán a curar traumas del pasado a nivel energético y a marcar claramente sus límites.

SAGITARIO

Los nacidos bajo el signo de Sagitario son optimistas, entusiastas y aman los viajes, los animales, el aire libre, la sanación natural y todo lo que al resto le parece extraño y exótico. Son sorprendentemente francos y honestos acerca de lo que les gusta y lo que no.

Júpiter, el planeta de la buena suerte, gobierna este signo. El árbol de té es un aceite esencial que ayudará a sanar y alentar a un espíritu sagitariano. El jazmín, el azafrán o la canela son el pasaporte hacia los lugares exóticos a los que se sienten atraídos estos aventureros, además de aliviar las tensiones durante los viajes.

CAPRICORNIO

Los capricornianos son ambiciosos, prudentes y disciplinados. Tienen necesidades emocionales muy profundas y reales que pueden frenarlos, pero su persistencia y capacidad para centrarse en un objetivo les permite llegar al éxito. El aceite de cilantro es adecuado para ablandar su lado duro y obstinado.

Los capricornianos también pueden ser sorprendentemente sensuales. El vetiver o salvia con un toque de almizcle se adapta bien a este signo terrenal, una personalidad que aprecia la tradición, la intención y la lealtad. La esencia de pino promueve sentimientos de fortaleza, empoderamiento y protección, que son el resultado de estar cerca de la naturaleza.

ACUARIO

Los acuarianos son únicos, brillantes, elocuentes y de avanzada. Tienen mentes de pensamiento libre, sin restricciones por las reglas. Les gusta inventar, experimentar y descubrir. Prosperan siendo rebeldes e irreverentes. Son futuristas pero también estudiantes de la Historia, por lo que apreciarán un aroma que les recuerde a otra época. El ciprés es una buena opción.

Para ayudar a eliminar el estrés de este intelectual idealista, utiliza el delicioso aroma de la verbena de limón con un poco de ámbar o almendra para tener la determinación de dejar atrás el pasado y seguir adelante.

PISCIS

Los piscianos son seres sensibles, llenos de inspiración y clarividencia. Pueden experimentar los aromas en un nivel del alma profundamente místico, sintiendo las energías sutiles. El aceite de elemí es perfecto para reducir el estrés y para favorecer la meditación.

La habilidad natural de un pisciano para conectar a nivel empático requiere un aroma como el ylang ylang para protegerlo de la negatividad, reducir la inseguridad hacia sí mismo y complementar su naturaleza espiritual y soñadora. Las lilas, el durazno y el mango son buenos para ellos por el dulce aroma de sus aceites.

8

Desayunos y colaciones

La alimentación ideal para tu personalidad astral puede hacer la diferencia entre un día maravilloso y uno no tan genial. Aquí encontrarás sugerencias de alimentos que son buenos para darte un empujón al poner en marcha tu día o para recargar tu energía cuando lo precises, de acuerdo a tu signo zodiacal.

ARIES

Conocer a un ariano es como tener a tu propio general del ejército siempre listo, dispuesto y capaz de ayudarte en el campo de batalla. Para obtener un poco de combustible por la mañana o la tarde, o bien para divertir a este signo de fuego sediento de energía, prueba los cupcakes de zanahoria cubiertos con queso crema y jarabe de maple. El relleno contiene nuez, miel, zanahoria, huevo y harina de almendras para alimentar al niño interior de este incansable carnero. Aries prefiere cualquier alimento que pueda hacerse rápidamente.

A los arianos también les gustan los sabores audaces, con notas brillantes de limón, hierbas, ajo y aceite de oliva que se sirven en pequeños bocados. Como queman energía rápidamente, intenta agregarles frijoles rojos adzuki a las ensaladas y sopas, pues están llenos de las proteínas necesarias para mantener el combustible andando. ¡A veces los arianos necesitan comer cuatro o cinco veces al día!

Para ellos que nunca se cansan con facilidad, las comidas con sabores condimentados, picantes y atrevidos son lo mejor. No encuentran los dulces tan atractivos como los bocadillos salados con un toque de pimienta de cayena y prefieren las bebidas refrescantes con sabores intensos, como el jengibre.

TAURO

Los taurinos valoran el enfoque de la vida sin extremos. No se enganchan con las últimas tendencias, creen en ser ellos mismos y, a menudo, tienen un gran apetito por todo lo delicioso. La frase "sin prisa pero sin pausa" expresa el punto de vista de Tauro en pocas palabras. A los taurinos les encantan los clásicos cremosos que puedan saborear, así que un trozo de quiche con queso cheddar o un batido de frutas dulces son perfectos para alimentar a estas bestias hambrientas.

Tauro aprecia la buena vida en todos los sentidos, de aquello que se puede tocar y saborear. Tienen un gran sentido común junto con un gusto por la buena vida, los alimentos de lujo y el placer de comer. Eso no significa que no puedan disfrutar de alimentos saludables, siempre y cuando, sean deliciosos. A Tauro le gustan los batidos, así que intenta agregar un superalimento en ellos, como la matcha, el cacao o el polvo de moringa verde.

Si un alimento puede lograr la hazaña de ser delicioso, cremoso y nutritivo (como el aguacate) es especial para Tauro.

GEMINIS

Los geminianos quieren experimentar la vida del modo más completo posible. Tienen dos opiniones sobre todo y, a veces, no pueden decidirse, por lo que una barra de proteína es una excelente colación matutina que les permite comer algo mientras avanzan. El tahín o pasta de sésamo, las barras de limón con harina de coco, la harina de almendras, las especias y jarabe de malta de arroz satisfacen la variedad de antojos de cualquier geminiano.

Su necesidad de estimulación mental hace que estén constantemente en movimiento, por lo que los bocadillos y canapés los mantienen energizados. La mente de Géminis siempre está trabajando horas extras, por lo que se debe agregar al menú una variedad de alimentos ricos para el cerebro como la cúrcuma, el salmón, los huevos, las hojas de diente de león y la jícama.

Tienden a evitar los alimentos que requieren una digestión prolongada, pues prefieren comer y pasar a lo que sigue. Los alimentos como el mango, las verduras de raíz o el queso feta también pueden ayudar a mantener a un geminiano conectado a tierra.

CÁNCER

A los cancerianos los mueven los sentimientos y la intuición más que a cualquier otro signo. A pesar de ser personas inteligentes y prácticas, utilizan sus sentimientos como una especie de radar y una gran parte de sus decisiones se basa en eso. ¿Qué tal un coctel de fruta fresca para comenzar un día bien alimentados y conectados con la tierra?

Beber mucha agua pura y alimentos con alto contenido de agua es bueno para ellos. Nunca deben comer cuando están molestos porque ocasionalmente transfieren su estado emocional a su sistema digestivo y pueden tener un estómago sensible.

Los alimentos encurtidos y fermentados como el kimchi, el chucrut y el miso son buenos para la salud intestinal para estos hijos de la Luna. La comida casera es la que más aman; si es algo como pastas con queso o arroz con leche, mejor.

LEO

La tarea puede ser grande o pequeña, complicada o relativamente fácil, pero no importa lo que venga, Leo tiene un plan para hacerlo mejor, más rápido, más barato e incluso con más estilo. Ellos creen que su camino es el único posible y seguramente te lo digan. Un festivo tazón de acai con un toque de canela, un poco de jugo de naranja y algo de miel, hace un desayuno rápido y colorido digno de un rey o una reina. Las semillas ricas en proteínas son buenos complementos para las colaciones de cereales y yogur de la mañana, tales como cáñamo, chía o linaza. ¡Los leoninos disfrutan de la abundancia!

El sabio Leo incluirá en su menú real lo que su médico considera alimentos saludables para el corazón. Las frutas más caras, los quesos más exclusivos y los chocolates más exquisitos son bocadillos hacia los que se inclinan naturalmente. Es muy probable que una comida minúscula incluya algo en la gama del dorado.

VIRGO

Los virginianos anhelan la perfección en todos los sentidos. Esto los lleva a buscar la crème de la crème en todas las áreas de su vida. Su astucia, buen gusto y delicadeza son legendarios. Una frittata con albahaca, tomates y mozzarella es un desayuno perfecto para ellos.

Sin embargo, pueden ser quisquillosos en la mesa. Hay que tener en cuenta que el peso de sus responsabilidades puede ser agotador para un perfeccionista como Virgo. Sus comidas son como un proyecto artesanal para ellos; cada ingrediente debe medirse y cortarse con precisión, y la presentación debe ser impecable.

Como es el signo que rige la digestión, Virgo está especialmente interesado en los bocadillos con fibra y enzimas saludables para la flora intestinal. Pequeñas cantidades de jugo de aloe vera, además de prebióticos y probióticos ayudarán a mantener su fortaleza intestinal. Y aunque son ahorrativos, cuando se trata de comprar comida les gusta gastar en algo que sea especial.

LIBRA

A librianos los impulsa el deseo de traer belleza y armonía a su entorno y al mundo en general. Tienen gustos refinados y les escapan a cosas que son feas, ruidosas o de mal gusto. Para muchos la vulgaridad es una ofensa. A Libra le encanta la idea de usar flores comestibles para adornar un platillo, con tal de hacerlo más hermoso. El hibisco, la lavanda, las rosas y la flor de saúco son buenas opciones. Necesitan un desayuno agradable, con sabores y texturas armoniosos, algo así como un pastel crocante de manzana con avena, arándanos y semillas de girasol, servido con yogur.

No les gustan los extremos y prefieren platos que no sean ni muy picantes ni demasiado suaves. Buscan la mezcla armoniosa en todas las cosas. Comer es un arte para ellos; buscan los placeres de la vida y su idea de la perfección culinaria requiere que lo que comen sea absolutamente fresco y se vea perfecto, incluso si es un bocadillo en su escritorio a media tarde. Una sopa delicada, fruta de una granja orgánica, un plato de sus quesos favoritos o pan recién horneado son cosas que podrían satisfacer a un libriano.

ESCORPIO

Los escorpianos son excelentes estudiantes de psicología y siempre quieren saber qué es lo que mueve a las personas. Escorpio tiene reputación de ser emocional, misterioso y de guardar secretos. ¿Qué tal una galleta en el desayuno, después de una noche particularmente intensa y apasionada? Una galleta con chispas de chocolate, llena de nutrientes saludables debe contener harina de avena y almendra, así como canela, huevos y azúcar de palma de coco.

Su lista de comidas favoritas incluye alimentos famosos por despertar la pasión, como las ostras, el chocolate, los espárragos, los higos, los aguacates o los que contienen ajíes. Se entregan por completo a la experiencia sensual, lujosa, sexy y satisfactoria de comer. Quieren que sus elecciones formen parte de un hechizo mágico y anhelan sentir intensidad (por eso es que las galletas de arroz nunca les llamaron la atención). Los alimentos que tienen sabores y aromas puros y fuertes siempre se cruzan en su camino. La maca en polvo se puede agregar a los alimentos ya que aumenta la libido y es fuente de aminoácidos, zinc y hierro.

SAGITARIO

A Sagitario le encanta estudiar y, sobre todo, enseñar. Ciertamente pueden ampliar su visión del mundo a través de los viajes, pero también por medio de travesías intelectuales con la filosofía y el aprendizaje. Un desayuno de tortillas con tomate, cebolla y ajo, condimentadas con pimientos dulces y picantes, son típicas de la cocina mexicana y le dan fuerza a Sagitario para el camino diario.

Los sagitarianos aprecian lo mejor que ofrecen otras culturas y filosofías. Los alimentos provenientes de tradiciones exóticas son la sal de la vida para ellos, tales como la salsa de harissa con huevos o la pasta de sésamo con pan de Naan.

Pueden ser cocineros intrépidos e intentarán recrear las recetas más difíciles con los ingredientes más exóticos. Como amantes de la naturaleza, se sienten atraídos por los alimentos frescos sin muchos procesos industriales, algo que todos deberíamos aprender para cuando los antojos aparecen. Su paladar es amplio y, como personas ansiosas por nuevas experiencias, probarán casi cualquier cosa.

CAPRICORNIO

Si quieres una solución práctica a un problema, pregúntale a un capricorniano. Las personas nacidas bajo este signo se enorgullecen de su sentido común. Es posible que no tengan un enfoque sofisticado de los problemas, pero saben cómo hacer para terminar el trabajo. Las tortitas o panqueques de papa con salmón ahumado y crema fresca de eneldo son delgados, crocantes y crujientes por fuera, un platillo confiable y tradicional, lo que fascina a Capricornio.

A los capricornianos les gusta que sus comidas sean regulares y puntuales. También adoran ser respetados por sus elecciones y su conocimiento sobre la comida (y todo lo demás). Saben lo que les gusta y no les molestaría comerlo a diario. No importa por dónde los lleve la vida, se mantienen fieles a los alimentos con los que crecieron. Son terrestres y tradicionales, como una mezcla de nueces y frutos secos. Los champiñones y el caldo de huesos también son excelentes para el centrado Capricornio.

ACUARIO

La mente de Acuario es altamente analítica y hábil para las evaluaciones rápidas. Transformar cantidades enormes de información en instrucciones simples y fáciles de seguir nunca es difícil para las personas de este signo. La polenta batida con queso parmesano, huevos y salvia es un desayuno novedoso y completo: requiere un poco de trabajo pero crea algo diferente, que los acuarianos adoran. Si añades salchicha o tocino tendrán un festín.

Son innovadores y, por lo general, están a la vanguardia del conocimiento sobre los mejores alimentos medicinales. La frescura, la sustentabilidad y la agricultura ética son importantes para ellos. Los acuarianos también se interesan por la historia y, por lo tanto, estarán abiertos a probar algunos cereales antiguos, como la espelta, el kamut, el amaranto y la alfalfa en forma de bocadillos y productos horneados.

Inconformistas como nadie, tienen algunas ideas bastante peculiares sobre la comida, lo que puede explicar las miradas divertidas de sus amigos mientras experimentaban con sabores avinagrados. Cuando comen solos en casa, es casi como si estuvieran acampando, no se requieren platos ni utensilios.

PISCIS

Piscis te ayuda a comprender que la verdadera felicidad se construye a través de la compasión, el cuidado y un espíritu abierto al amor de los demás. Los piscianos están conectados al universo de una manera fuera de este mundo y necesitan probar la dulzura de la vida. Las peras escalfadas en jarabe de maple con jugo de manzana, clavo y pasas es una opción sencilla y saludable, así como una manera satisfactoria de comenzar el día.

Son empáticos más que cualquier otro signo y necesitan alimentos que restablezcan el equilibrio y que eleven el espíritu, como los mariscos, los carbohidratos complejos, las algas, las nueces, las frutas y las verduras, ricos en nutrientes que derrotan los sentimientos de tristeza. Muchos piscianos adoptan estilos de vida vegetarianos por razones morales.

Los alimentos delicados y suaves preparados con sencillez son los que más les gustan. Y también pueden ser golosos gracias a su carácter natural y soñador, algo que buscan en todas las áreas. Un pisciano siempre debe tomar en cuenta su personalidad adictiva. Por eso conviene que use su creatividad en la preparación de bebidas sin alcohol, como un refresco de sandía con jengibre y agua mineral, o una mimosa de pomelo rosado y albahaca, para no perder la dulzura que Piscis tanto anhela.

9

Infusiones de té zodiacal

Las infusiones de té son excelentes para ti y no son más que un té cargado a base de una cucharada de hierbas secas por cada taza de agua. Son geniales porque tienen propiedades medicinales, además de ser hidratantes y aportar a tu ingesta diaria de agua.

La gente ha empezado a considerar el té con la misma reverencia que al café y a reconocer el enorme rango de sus variedades.

El té es una manera estupenda de contemplar el día transcurrido, digerir tus alimentos con cada sorbo y tomarte unos minutos para nutrir y sanar tu cuerpo, mente y espíritu.

Cuando realizas un ritual de té con regularidad, a medida que hueles las infusiones y lo bebes, comienzas a pensar en tus emociones y es una forma natural de desarrollar la gratitud y la intuición.

Los tés negro, verde, blanco y oolong son todos altos en antioxidantes, lo que los hace perfectos para la salud y el bienestar general.

PREPARACIÓN: lleva el agua al punto de ebullición, sírvela sobre la hierba, cubre la taza y deja que repose de 10 a 20 minutos. Prueba añadir miel silvestre o jugo de fruta fresco antes de beberlo.

ARIES: para el ambicioso Aries, una mezcla picante de té negro, cayena, clavo y cardamomo aumentará el deseo de hacer que las cosas pasen. Están tan orientados hacia el objetivo que necesitan un sabor robusto y asertivo que pueda desencadenar su energía y mantenerlos en marcha, ¡ya que siempre tienen mucho que hacer!

TAURO: el té blanco con jazmín y durazno crea una mezcla suave y reconfortante con la que un taurino puede relajarse. A ellos les gusta planificar la prosperidad y el crecimiento mientras se toman un descanso, tal vez en una silla acogedora con una deliciosa taza de té para deshacerse del estrés.

GÉMINIS: una mezcla ligera de té negro de Assam con rosa mosqueta y pimienta de Jamaica estimula la versátil mente abierta de un geminiano. Ellos son un soplo de aire fresco y su animada conversación junto a una taza de té es alegre y entretenida. Frío o caliente, nunca se sabe con este inquieto y cambiante geminiano.

CÁNCER: A los cancerianos les encanta nutrirse a sí mismos y a los demás. La siguiente mezcla es ideal para el té después de la cena porque calmará sus estómagos sensibles. Un poco de kukicha, hoja de fresa y angélica los ayudará a regular las emociones y les dará a estos incansables cuidadores un muy necesario descanso curativo, reflexivo y relajante.

LEO: el té Earl Grey mezclado con cáscara de naranja y limoncillo puede elevar al máximo nivel la personalidad segura, creativa y carismática de un leonino. A Leo le encanta entretener y ¿qué es más divertido que una fiesta de té? Esta mezcla motivadora mejorará cualquier día monótono.

VIRGO: el té de menta y fenogreco es capaz de refrescar y mantener centrada la mente de Virgo. La vida de los virginianos se trata en gran medida de resolver los problemas diarios. Una taza de té matutina agudizará su concentración y calmará sus nervios, e incluso los ayudará a clasificar y organizar mejor la información.

LIBRA: la unión equilibrada de té blanco, trébol rojo y capullos de rosa crea un sabor encantador. Será de interés para el refinado sentido de armonía de los librianos, ya que es una mezcla que induce la meditación. A ellos les encanta socializar con una taza de té servida en una hermosa tetera.

ESCORPIO: una mezcla ahumada de té negro Lapsang Souchong, chocolate y mango es combustible para la energía psíquica de un escorpiano. A veces necesitan una bebida potente para mejorar su humor. La frambuesa y la lavanda añaden notas sensuales.

SAGITARIO: los sagitarianos son curiosos y les gusta explorar opciones. Les encantan los tés exóticos y especiados. Una combinación de té verde con sabores de coco y jengibre le da a Sagitario la pasión y la resistencia que necesita para su próximo viaje.

CAPRICORNIO: un té negro mezclado con achicoria y diente de león es la opción más práctica para darle a esta cabra una taza de concentración. Los capricornianos trabajan duro y necesitan tomar distancia del deber con un té robusto. Los sabores terrosos calman la mente y nutren los huesos.

ACUARIO: para el idealista acuariano la raíz de regaliz alimentará su mente visionaria ayudándolo a liberar su energía por más tiempo. A Acuario le encanta ser inventivo y pasar el rato con amigos, a menudo junto a una taza de té. La zarzaparrilla y el té de ginseng le aportarán entusiasmo y concentración, y saciarán la sed de Acuario por lo inesperado.

PISCIS: los sabores dulces del té rooibos, el té blanco y la canela son grandes aliados de la rica imaginación de Piscis. A los piscianos les encanta ponerse en contacto con su naturaleza creativa y mística acurrucándose en la cama con una taza de té caliente entre las manos. La manzanilla y el hibisco son opciones calmantes que ayudan a contener su sensibilidad.

10

Posturas de yoga

En sánscrito, la palabra *yoga* significa "unir". Las siguientes posturas (o *asanas*) se concentran en el vínculo existente entre las áreas tradicionales del cuerpo según la astrología y cómo podemos fortalecerlas y unirlas junto a nuestra mente, cuerpo y espíritu gracias al yoga. Tarde o temprano, en la vida todos estamos sujetos a altibajos emocionales, ansiedad, estrés, depresión y enojo. Algunas de estas posiciones pueden ser de ayuda en esos casos.

Nota: acude a tu médico de confianza o visita a un profesional de la salud certificado antes de comenzar un programa de ejercicios. Si experimentas algún tipo de dolor o dificultad al realizar estas posturas, no continúes y consulta con un especialista.

Aries

Rige la cabeza, el cerebro, los ojos, la cara y los músculos. Adora los retos y tiene una voluntad de acero. También puede sufrir dolores de cabeza. Esta posición le brindará mayor resistencia.

POSTURA DEL GUERRERO

» Levántate erguido con los pies separados más o menos a un metro de distancia.

» Voltea tu pie derecho 90 grados a la derecha y tu pie izquierdo 30 grados en la misma dirección.

» Rota tu pelvis a la derecha, en dirección al frente de tu tapete.

» Levanta tus brazos hacia el cielo. Dobla tu rodilla derecha de modo que quede sobre tu tobillo.

» Sostén la postura por un minuto.

» Repite la postura nuevamente, pero esta vez en dirección hacia la izquierda, siguiendo las instrucciones anteriores.

Tauro

Gobierna el cuello y la garganta, incluyendo laringe, cuerdas vocales, amígdalas, tiroides, barbilla, mandíbula inferior, orejas y lengua. Esta postura proporciona un movimiento constante e intencionado que nutre la personalidad paciente de un taurino.

POSTURA DEL ARCO

» Yace sobre tu estómago con los pies separados a la altura de la cadera y tus brazos a ambos lados de tu cuerpo.

» Dobla tus rodillas y sostén tus tobillos.

» Mientras inhalas, levanta el pecho del suelo y jala tus piernas hacia arriba y hacia atrás utilizando tus manos.

» ¡Mira hacia el frente y sonríe!

» Mantén el equilibrio en esta postura prestándole atención a tu respiración. Una vez equilibrado, tu cuerpo estará tan estirado como un arco.

» Continúa haciendo respiraciones profundas a medida que te relajas en la postura del arco. ¡Pero no te dejes llevar! Ten cuidado de no estirarte en exceso.

» Luego de unos 15 o 20 segundos, exhala y baja tus piernas y pecho al suelo con cuidado.

» Suelta los tobillos y relájate.

Géminis

Rige sobre los brazos, las manos, los dedos, los hombros, las costillas superiores, los pulmones y el sistema nervioso. Los geminianos son propensos al nerviosismo y a tener una mente inquieta. Son los comunicadores por excelencia, por lo que tienden a sentarse frente a una computadora y escribir durante horas. Deben rotar y relajar con frecuencia sus manos mientras trabajan. Esta postura es un buen estiramiento para ellos.

POSTURA DE LA COBRA

» Yace sobre tu estómago con la punta de tus pies y mandíbula descansando sobre el suelo. Mantén las piernas cerradas mientras tus pies y talones se tocan ligeramente.

» Coloca las palmas de tus manos hacia abajo a la altura de tus hombros, con los dedos apuntando hacia la punta del tapete. Mantén tus codos paralelos y ceñidos a cada lado.

» Mientras inhalas, levanta la cabeza ligeramente, al igual que el pecho y el abdomen, a la vez que mantienes las costillas inferiores, la pelvis y el ombligo presionados contra el tapete.

» Lleva tus hombros hacia atrás y abajo, lo más lejos de tus oídos que puedas, mientras abres el pecho hacia adelante. Tu mirada puede ir hacia el frente o hacia el cielo, dependiendo de la flexibilidad de tu cuello.

- Endereza los brazos, levanta lentamente el pecho del suelo mientras presionas el tapete con los muslos. Asegúrate de que no haya demasiado peso sobre tus palmas. Observa si puedes levantar las manos de la colchoneta para moverte, mientras te concentras en la tensión de los músculos de la espalda.
- Solo estira los brazos hasta una postura que se sienta cómoda y natural. Mantén la postura durante no más de 30 segundos.
- Exhala para salir de la postura, llevando con cuidado el abdomen, el pecho y la cabeza de vuelta al suelo.

Cáncer

Rige los senos, el esternón, el estómago, el sistema digestivo, las costillas inferiores, el útero y el páncreas. Las flexiones hacia el frente te permitirán mostrarte todo el amor propio, la compasión y la protección que mereces. Mientras practicas esta postura, mantén la intención de liberar emociones que no contribuyan a tu bienestar y alegría.

FLEXIÓN DE PIE HACIA ADELANTE

- Comienza de pie y equilibrando tu peso por igual sobre ambos pies.

- Mientras inhalas, extiende tus brazos sobre la cabeza.
- Al exhalar, flexiona tu cuerpo hacia adelante con la espalda recta y luego hacia abajo, en dirección a tus pies.
- Sostén la postura durante 20 o 30 segundos mientras continúas respirando profundamente.
- Mantén tus piernas y columna vertebral rectas, con las manos descansando ya sea sobre el tapete, a un lado de tus pies o sobre tus piernas.
- Durante la exhalación, mueve el pecho hacia tus rodillas y levanta tu cadera y coxis tan alto como puedas.
- Deja que tu cabeza penda y se relaje, moviéndose suavemente hacia tus pies. Sigue respirando profundamente.
- Mientras inhalas, estira los brazos hacia el frente y hacia arriba, recobrando la posición erguida lentamente.
- Al exhalar, lleva los brazos a los costados.

Leo

Gobierna el corazón, la espalda alta, la columna vertebral, el bazo y las muñecas. Los leoninos tienen una energía dinámica y les encanta jugar. Esta postura es útil para el dolor de espalda y abre el chakra del corazón.

POSTURA DEL GATO

» Coloca tus manos y rodillas en el suelo y tu espalda en posición de mesa.

» Tu cuello debe estar en posición neutral con los ojos mirando hacia el suelo.

» Mientras inhalas, levanta el pecho y los isquiones en dirección al cielo, y baja el estómago hacia el suelo; esto debe producir un suave arco en tu espalda.

» Exhala y encorva tu espalda en dirección al techo. Deja colgar tu cabeza entre tus brazos, de manera que la coronilla apunte directamente al suelo.

» Levanta la cabeza y mira frente a ti por algunos segundos.

» Inhala y mueve tu columna vertebral otra vez hacia la posición neutral de mesa, y sostenla por unos segundos.

» Repite la secuencia 5 veces.

Virgo

Rige el sistema nervioso simpático y también el tracto digestivo inferior. Los virginianos solo pueden vivir en la organización y el orden. Son perfeccionistas naturales y disfrutan de la precisión. Esta postura aporta equilibrio a la mente al encarnar la forma elegante y firme de un árbol.

POSTURA DEL ÁRBOL

» Levántate erguido y derecho con los brazos a ambos lados del cuerpo.

» Dobla tu rodilla derecha y coloca el pie derecho en lo alto de tu muslo izquierdo. La planta del pie debe descansar firme y llanamente cerca del comienzo del muslo.

» Asegúrate de que tu pierna izquierda esté derecha. Encuentra el equilibrio.

» Una vez que estés equilibrado, respira profundamente y, con delicadeza, levanta tus brazos por encima de tu cabeza, uniendo las palmas en el *mudra* Namasté (unidas como si rezaras o agradecieras).

» Mira al frente, de ser posible a un objeto distante. Una mirada firme ayuda a fortalecer el equilibrio.

» Asegúrate de que tu columna está derecha. Todo tu cuerpo debe estar involucrado, como una banda elástica completamente estirada. Sigue respirando profundo. Con cada exhalación, relaja un poco más el cuerpo. Simplemente permanece en la postura y sigue tu respiración con una suave sonrisa en el rostro.

» Con una exhalación lenta, baja lentamente tus manos hacia los costados. Baja con cuidado la pierna derecha.

» Levántate erguido y derecho como al principio de la postura. Repítela nuevamente, ahora llevando el pie izquierdo hacia el muslo derecho.

Libra

Gobierna la columna lumbar, los riñones y las glándulas suprarrenales. Los librianos son equilibrados, elegantes y buscan la paz. Esta postura con las piernas cruzadas profundiza la experiencia de la meditación al relajar la mente, conectando las respiraciones con un sentimiento equilibrado, abierto y hermoso.

POSTURA DEL LOTO

» Siéntate en el suelo o sobre un tapete con las piernas estiradas hacia el frente, manteniendo tu espalda erguida.

» Dobla la rodilla derecha y coloca tu pie sobre el muslo izquierdo. Asegúrate de que la planta de tu pie apunte hacia arriba y que el talón esté cerca de tu abdomen.

» Repite lo anterior con la otra pierna.

» Con ambas piernas cruzadas y los pies colocados en los muslos contrarios, coloca tus manos sobre las rodillas en posición de *mudra*.

» Mantén tu cabeza y columna derechas.

» Sostén la postura mediante inhalaciones y exhalaciones largas y suaves.

» Para salir de la postura, baja los pies uno por uno.

Escorpio

Rige los genitales, la vejiga y el tracto urinario. Esta postura estira los muslos internos, mejorando la flexibilidad en la región de la ingle y la cadera, una forma sorprendente de liberar emociones estancadas en el área genital. También ofrece alivio para las molestias menstruales y síntomas de la menopausia.

POSTURA DE LA MARIPOSA

» Siéntate con las piernas separadas y estiradas hacia el frente.

» Dobla tus rodillas y atrae tus pies hacia la pelvis. Las plantas de tus pies deben estar completamente en contacto una con otra.

» Toma tus pies entre tus manos con firmeza. También puedes colocar tus manos bajo tus pies para mayor soporte.

» Haz un esfuerzo para mantener los talones tan cerca de tu ingle como te sea posible.

» Inhala profundamente. Mientras exhalas, presiona tus muslos y rodillas en dirección al suelo. Haz un suave esfuerzo por seguir presionándolas hacia abajo.

» Comienza a "aletear" con ambas piernas, arriba y abajo como las alas de una mariposa. Empieza lentamente e incrementa la velocidad poco a poco. Sigue respirando normalmente.

» Baja la velocidad hasta detenerte. Inhala profundamente y, al exhalar, dóblate hacia el frente, manteniendo tu barbilla arriba y la espalda erguida.

» Presiona los codos contra tus muslos o rodillas, tratando de llevar estas zonas aún más cerca del suelo.

» Siente el estirón en tus muslos interiores mientras respiras profundamente y te relajas más y más.

» Durante una inhalación profunda, sube nuevamente el torso.

» Mientras exhalas, sal cuidadosamente de la postura. Estira las piernas hacia el frente y relájate.

Sagitario

El explorador de la filosofía profunda gobierna el hígado, las caderas, los muslos, la pelvis y el fémur. Esta postura fortalece las piernas, los muslos, las caderas, las rodillas y los tobillos.

POSTURA DEL TRIÁNGULO

- » Levántate erguido. Separa los pies cómodamente a una distancia de un metro aproximadamente.
- » Gira tu pie derecho 90 grados hacia afuera y el pie izquierdo 15 grados.
- » Ahora alinea tu talón derecho con el centro del arco de tu pie izquierdo.
- » Asegúrate de que tus pies presionen contra el suelo y de que el peso de tu cuerpo esté equilibrado sobre ambos pies.
- » Inhala profundamente y, mientras exhalas, dobla tu cuerpo hacia la derecha y hacia abajo desde la cadera, manteniendo la cintura recta, levantando la mano izquierda hacia el techo mientras bajas la mano derecha hacia el suelo. Mantén rectos ambos brazos.
- » Apoya tu mano derecha sobre la espinilla, tobillo o sobre el piso por fuera de tu pie derecho, lo que se sienta mejor sin estirar excesivamente la cintura. Estira el brazo izquierdo hacia el techo, alineado a la parte superior de

tus hombros. Mantén la cabeza en posición neutral o gírala hacia la izquierda, con los ojos mirando suavemente la palma izquierda.

» Verifica que tu cuerpo esté doblado hacia un lado y no hacia atrás o hacia adelante. Tu pelvis y tu pecho están muy abiertos.

» Estira al máximo y busca el equilibrio. Sigue respirando muy hondo. Con cada exhalación, relaja el cuerpo un poco más. Permanece en la postura y sigue tu respiración.

» Mientras inhalas, regresa a una posición horizontal, bajando los brazos hacia los costados y estirando los pies.

» Repite lo mismo en el otro lado.

◇◇◇◇◇◇◇◇◇◇◇◇◇◇◇◇◇◇◇◇◇◇◇◇◇◇◇◇◇◇◇◇

Capricornio

Rige tanto los huesos y las articulaciones como las rodillas y los dientes. Los capricornianos son decididos y aprecian el orden. Esta postura tonifica y enraíza la mente en la tierra.

POSTURA DE LA MONTAÑA

» Levántate erguido con los pies juntos.

» Aprieta los músculos cuádriceps y alarga la columna vertebral.

» Presiona los hombros hacia abajo, alarga el cuello y apoya los brazos a los costados, o bien colócalos en el centro del pecho.

» Siente que una poderosa línea de energía que va de tus pies hasta la coronilla de tu cabeza, a la vez que estiras la cabeza hacia el cielo.

» Sostén la postura por un minuto.

Acuario

Rige el sistema circulatorio, los tobillos, los talones de Aquiles, al igual que las pantorrillas y las espinillas. Los acuarianos son pensadores disconformes y librepensadores con un fuerte impulso humanitario. Esta postura es excelente para mejorar la circulación sanguínea en los tobillos y pantorrillas. Acuario puede ser propenso a los calambres en la región de las piernas.

PERRO QUE MIRA HACIA ABAJO

» Coloca tus rodillas y manos en el suelo, con las rodillas a la altura de la cadera y tus muñecas alineadas con los hombros.

» Separa bien los dedos y estira el dedo medio hacia adelante.

» Empuja suavemente las rodillas lejos del suelo mientras mantienes las piernas rectas.

» No pongas rígidas las rodillas.
Con los isquiones apuntando al techo, trata de empujar los talones hasta que toquen el suelo.

» Trata de bajar los omóplatos por tu espalda mientras tu cabeza cuelga cómodamente entre tus brazos.

» Permanece en esta postura por un minuto.

Piscis

Gobierna los pies y el sistema linfático. Necesitan un tipo de yoga tranquilo, ya que son almas sensibles, personalidades suaves y bondadosas que pueden ser propensas a la melancolía o al escapismo. Esta es una postura restauradora que promueve la relajación, la calma, la intuición, la interconexión y la liberación emocional saludable.

POSTURA DEL NIÑO

» Siéntate sobre tus talones. Manteniendo las caderas sobre tus talones, inclínate hacia delante y baja la frente hasta el suelo.

» Mantén los brazos a los lados de tu cuerpo, con las manos reposando sobre el suelo, con las palmas hacia arriba. (Si no te resulta cómodo, puedes colocar un puño encima del otro y apoyar la frente sobre ellos).

» Presiona suavemente el pecho sobre los muslos.

» Sostén la postura.

» Separa lentamente el abdomen, luego sube tu columna (vértebra a vértebra) y siéntate nuevamente sobre tus talones.

11

Meditaciones conscientes

Hemos diseñado estas meditaciones conscientes para guiarte al momento de enfrentar los desafíos de tu signo solar. Al sentarnos quietos, tranquilizar la respiración y poner atención a nuestros pensamientos, pronto veremos que emerge la claridad de nuestra verdadera naturaleza. Su brillo es visible a pesar de la bruma de la distracción e ilumina niveles muy profundos de significado y revelaciones, lo que puede hacer que nos sintamos verdaderamente contentos. Esta es la meditación mindfulness.

Cuando la mayoría piensa en meditación se imagina a alguien sentado con las piernas cruzadas y recitando el mantra "Om" como una nota larga y prolongada. Esta es la meditación que recomendamos para aquellos nacidos bajo el signo de Piscis, pero ya llegaremos a ello. El objetivo de este tipo de meditación tradicional es no permitir que la mente racional, con su insaciable deseo de separar, nombrar, contar y manipular, nos impida tener una experiencia directa de nuestro ser.

Calmar la mente, expandir nuestra conciencia para que podamos experimentar la mente universal y enfocar nuestra conciencia en la verdad de nuestro ser requiere disciplina y esfuerzo. Tanto las meditaciones tradicionales como las mindfulness, también conocidas como "meditaciones conscientes o de atención plena", nos desafían a ver más allá de las ilusiones y apegos, y considerarlos simplemente como una parte dentro de las tantas formas diferentes en las que se expresa la misma verdad unificadora.

Para cada meditación, siéntate cómodamente en un lugar donde nadie te interrumpa; luego, comienza con algunas respiraciones profundas antes de empezar a leer y trabajar el ejercicio de atención plena que recomendaremos para cada signo solar. Una buena idea es grabarte leyéndolo en voz alta y repetirlo mientras realices ejercicios que requieran visualizaciones.

También te recomendamos probar los once ejercicios restantes para los otros signos del zodiaco. Al hacer esto, estás flexibilizando tu sistema de creencias. Pero las creencias y los hábitos que creaste en el pasado tienen, simbólicamente, vidas propias y, como tú, quieren seguir viviendo. No van a rendirse y morir tan fácilmente. Por eso, no podemos enfatizar lo suficiente la importancia de desarrollar las prácticas de atención plena dentro de la rutina diaria, al igual que es necesario hacer ejercicio físico diariamente para mantenerse en forma.

La única manera de superar prejuicios arraigados sobre ti y tu mundo es a través de una práctica diaria y paciente. De lo contrario, la rigidez (que a veces puede afectar incluso a los profesionales más dedicados) no solo puede limitar tu crecimiento, sino que también hará que las personas deseen que regreses a tu viejo yo. Los ejercicios de atención plena pueden ayudarte a ser más consciente de tus pensamientos y no permitirles divagar de un lado a otro, pasando de una preocupación inútil a otra.

Aries:
MEDITACIÓN DEL MIEDO

Si quieres liberarte de miedos y fobias irracionales, entonces tómate unos minutos cada día para actuar "como si" ya estuvieras libre de ellos. Debes decirte a ti mismo que eres genial, que estás tranquilo y concentrado, incluso si sabes que vas a estar en una situación que te asusta, como un examen, una entrevista de trabajo, si vas a hablar en público o interactuar con personas que no te agradan. No pierdas tiempo preocupado por el fracaso o por lo que otros puedan pensar de ti. En vez de eso, tómate el tiempo para hacer este ejercicio con la certeza de que va a ayudarte.

Haz algunas respiraciones lentas y profundas para relajarte. Visualízate a ti mismo en la situación que te causa miedo, pero mantente calmado y capaz de hacer lo que sabes que puedes y quieres hacer. Obsérvate feliz de haber logrado tu objetivo. Repite para ti mismo: "He llegado a donde estoy porque soy fuerte y puedo superar lo que sea necesario. He hecho esto antes. No tengo nada que temer. Voy a disfrutarlo".

Cuando te reprogramas así, liberas la ansiedad en la situación real porque reforzaste la experiencia como algo positivo durante la meditación. Nuestra mente inconsciente no reconoce ninguna diferencia entre los eventos que experimenta en la realidad y los que se perciben como imágenes y emociones.

Mientras más real lo veas, más real será. Cuanto más te veas a ti mismo como la persona fuerte que eres y aumentes tu autoestima, mejor podrás enfrentar lo que la vida te presente. Te mereces la felicidad. Al actuar "como si" ya fueras feliz, le dices a cada célula de tu cuerpo que ya lo eres.

Tauro:
MEDITACIÓN DE MANIFESTACIÓN

Realiza algunas respiraciones para relajarte. Con el ojo de tu mente, imagina que entras en un auto abierto hacia la entrada de un túnel. Las paredes del túnel pueden ser de piedra natural, ladrillo, azulejos o cualquier otra superficie que prefieras. Cuando te sientas en el coche, este se mueve por el túnel a una velocidad agradable. A la distancia, hay una luz al final del túnel y, a medida que avanzas hacia ella, observas un letrero en la pared del túnel con el número veintidós escrito en él. A medida que avanzas, siempre respirando lenta y profundamente, pasas una tras otra las señales de tránsito con los números veintiuno, veinte, diecinueve, dieciocho, diecisiete, dieciséis, quince, catorce, trece, doce, once, diez, nueve, ocho, siete, seis, cinco, cuatro, tres, dos, uno.

Has llegado a la luz al final del túnel. Ahora estás en un espacio donde tú y tu mente inconsciente van a comunicarse. Para hacerlo, obsérvate a ti mismo en algún lugar donde puedas sentirte absolutamente seguro y en paz. Este es el sitio que siempre soñaste. O tal vez es un lugar que realmente visitaste una vez y en donde pasaste un momento tan maravilloso que siempre quisiste regresar.

Tú decides dónde quieres verte y cómo es ese espacio de poder. Ahora estás ahí. ¿Qué puedes ver? Observa lo que te viene a la mente sin juzgarlo.

Puedes mirarte a ti mismo como en una película filmada en ese lugar especial de poder, tan inmerso en la escena que incluso puedes oler a tu alrededor como si estuvieras ahí, porque (al menos para tu mente inconsciente) estás ahí.

Y ahora, a medida que te ves vívidamente en tu lugar de poder, observa y siente que eres feliz, que estás sano o más relajado de lo que estabas antes. Obsérvate haciendo eso que tantas ganas tenías de hacer. Puedes observarte haciendo ese trabajo que tanto deseas y que te va a redituar sumamente bien. Puedes observarte con una pareja ideal, alguien que te trata de la manera en que te gustaría ser tratado. O puedes mirar tu cuerpo tal como quisieras que fuera.

Puedes darte permiso de sentirte bien sobre lo que miras y percibes en tu lugar de poder. Deja que tu mente inconsciente sepa que esta es la forma en la que realmente quieres que sean las cosas. Hazte amigo de tu mente inconsciente y habla con ella como con una amiga o amigo. Toma en cuenta que su función es ayudarte a que la vida tenga las condiciones necesarias para hacerte sentir bien. Tu lugar de poder es la oportunidad de decirle y mostrarle las imágenes que quieres hacer realidad. Quédate allí un rato, disfrutando de estas sensaciones agradables. Tu mente inconsciente ahora sabe que esto es lo que quieres experimentar y comenzará a reprogramarse para ayudarte a llevar esas experiencias agradables a tu vida diaria.

Cuando estés listo, sal de tu lugar de poder entrando al auto que te llevó hasta allí. Pero debes saber que puedes regresar cuando quieras. Siente cómo el coche vuelve a entrar en el túnel por el que viniste. Observa los números en las señales de tránsito en las paredes del túnel: uno, dos, tres, cuatro, cinco, seis, siete, ocho, nueve, diez, once, doce, trece, catorce, quince, dieciséis, diecisiete, dieciocho, diecinueve, veinte, veintiuno, veintidós. Has vuelto. Poco a poco, abre los ojos. Siéntete relajado y renovado.

Toma nota de cómo te sientes al hacer lo que realmente desearías estar haciendo. ¿Sentiste que mereces hacer realidad tu deseo? ¿Incluso llegaste a creer que sería posible? Recuérdate a ti mismo, con mucha paciencia, una y otra vez, cómo te sentías cuando estabas en tu lugar de poder, que es posible hacerlo realidad y que lo mereces. Resistirse al cambio es parte natural del proceso de transformación y no te hace menos merecedor de lo que tu corazón tanto anhela. Aunque tu vida no sea todavía exactamente lo que desearías, recuerda que mereces tener las cosas que deseas, de la manera en que las deseas, por ser tal como eres.

Géminis:
MEDITACIÓN DE ESCRITURA

Escribir no solo conecta tu cuerpo y tu cerebro de una manera deliberada y concentrada, sino que también hace de esto el plan maestro de tu vida como acto creativo. La creatividad es otra forma de ejercer el poder sobre ti mismo y sobre tu vida. Puedes hacer las siguientes listas y dejarlas lejos de la mirada ajena. Aprende a agradecer y escribe todos los elementos que puedas en la columna correspondiente.

Elige una libreta o un cuaderno para tal fin. Luego, divide una de las hojas a la mitad. En uno de los lados, haz una lista de todas las cosas buenas de tu vida. Titula esta columna *Mi buena suerte*. Es importante que enlistes algunas cosas en esta columna primero. Vamos, debe haber algo en tu vida que agradezcas. A veces pienso que la razón por la que tenemos problemas es para que otras personas puedan sentirse agradecidas de que los suyos no son tan malos como los nuestros. De hecho, siento menos pena por mí mismo cuando recuerdo que hay muchos otros menos afortunados que yo. Ahora bien, ¿puedes recordar algunas cosas buenas que te hagan sentirte agradecido?

A continuación, haz una lista de las cosas de tu vida que desearías cambiar. Titula esta columna *Cosas que deseo cambiar*. Espero que tengas suficiente papel, pues tanto en la columna de *agradecimientos* como en la de *cambios* debes escribir absolutamente todo lo que se te ocurra. Tómate tu tiempo.

Debajo de estas dos columnas escribe el título *Cómo deseo que sean las cosas*, y divídela también en una lista a dos columnas. El título de la primera columna será *Objetivos a corto plazo* y, el de la otra, *Objetivos a largo plazo*.

Los objetivos a corto plazo son cosas como "voy a practicar los ejercicios"; "voy a amar y perdonar, tanto a mí mismo como a otros, antes de irme a dormir esta noche"; "voy a decirles a los que amo cuánto me importan hoy mismo"; "voy a organizar mi espacio de trabajo"; "voy a poner atención en cómo mis acciones afectan a los demás"; "voy a poner más atención en ____, un hábito cuyo origen entenderé pronto"; "voy a dejar de fumar/ beber/ comer en exceso, solo por hoy y un día a la vez"; y cualquier otra idea que creas que puede ser un buen objetivo para recordar y alcanzar cada día.

Los objetivos a largo plazo son cosas como "voy a dejar de fumar/ beber/ comer en exceso"; "voy a conocer y casarme con la pareja de mis sueños"; "voy a conseguir seguridad financiera"; y cuantas otras cosas puedas pensar como objetivos que deseas alcanzar, tanto en tus metas a corto plazo como en otros cambios que resultarán de practicar diariamente los diferentes ejercicios de bienestar metafísico.

Es importante que siempre escribas "voy a", y nunca "quisiera" o "me gustaría". Si alcanzas tus objetivos, tanto a corto como a largo plazo, será gracias a tu fuerza de voluntad, ya que esta se fortalece al ser verbalizada cada día. Escribir "voy a" es un sutil pero poderoso recordatorio de que gracias a nuestra voluntad podemos moldear nuestra vida.

Deja un poco de espacio para cosas que puedas pensar después y debajo escribe una lista llamada *Cosas que he permitido que me detengan*. Ahí escribirás todo aquello que ha evitado que tu vida sea tal como deseas. Esta parte de la lista es sumamente importante.

Explora todas las posibilidades que puedas. Utiliza cualquier medio a tu disposición, tanto físico como metafísico, así como todo el conocimiento arduo y precioso que has ganado a través de los errores cometidos en el camino. La perseverancia y la concentración parecen ser las únicas cosas que tienen en común las personas exitosas que he conocido o sobre las que he leído.

Actualiza esta lista de manera periódica, por ejemplo, cada semana. Te sorprenderá cómo has incorporado en tu vida algunos de los objetivos a corto plazo, en forma de nuevos hábitos, que reemplazaron a los otros que querías cambiar. Cuando alcances alguno de tus objetivos a largo plazo, te sugiero que te des una recompensa y realices una pequeña ceremonia para tacharlo por fin de tu lista.

Cáncer:
MEDITACIÓN DE LA INSEGURIDAD

La próxima vez que te sientas inseguro o tengas dudas de tu capacidad para manejar cualquier tipo de estrés, imagina por un momento que vuelves a ser un niño de cinco años y habla contigo mismo como si trataras de consolar a un niño asustado; puedes hacerlo en silencio o en voz alta (si estás a solas). Si crees que puede ayudarte, toma una fotografía de ti mismo cuando eras niño y háblale. Dile a ese niño interior que lo amas y que todo va a estar bien.

Piensa cómo te consolarías a ti mismo si fueras el padre o la madre de este niño asustado, sensible e inseguro. Puedes decir algo como: "Yo sé que tienes miedo. Todos nos asustamos a veces. Pero está bien. Estoy aquí. Te amo muchísimo. Voy a protegerte. No te preocupes".

No lo digas solamente, ¡siéntelo! Dale a tu niño interno la clase de amor incondicional que un padre debería darle a su hijo. Algunas personas reservan este tipo de amor para sus mascotas. Dale a tu niño interior el tipo de amor que está dispuesto a aceptarlo tal como es. Dile que, sin importar lo que pase, siempre vas a amarlo.

Si te has sentido enojado contigo mismo, discúlpate con tu niño interior por asustarlo y explícale que solamente perdiste los estribos, pero que ya te sientes mucho mejor. Si alguna vez te sentiste poco atractivo en cualquier forma, pídele disculpas y dile al niño o a la niña que es lindo/a, hermoso/a y guapo/a y que lo/a amas. Nunca será demasiado si le dices a tu niño interior que lo amas, que todo va a estar bien y que es un muy buen niño. Los niños necesitan reafirmación y los hijos de familias disfuncionales (lo que desafortunadamente aplica para la mayoría de nosotros) necesitan tanta reafirmación y amor como sea posible.

Tal vez nuestra familia y amigos en el mundo exterior no estén ahí para darnos un refuerzo constante, pero podemos y debemos darnos a nosotros mismos ese refuerzo. Poco a poco, ganarás mayor confianza en ti mismo con estas técnicas de autocuidado.

Leo:
MEDITACIÓN DE LA CREATIVIDAD

Tener la intención de crecer como una semilla es el secreto de la creatividad.

El reto de vivir una vida creativa es el desafío de recapturar el sentido de aventura, asombro y travesura que los niños (semillas de las infinitas posibilidades humanas) poseen de manera natural. Los niños observan una situación y se hacen preguntas al respecto, y sus opiniones pueden permitirles a los adultos (quienes creían saberlo todo) aprender algo completamente nuevo al respecto.

Aunque este ejercicio te pueda parecer simple en una primera lectura, cuando lo lleves a cabo verás que es increíblemente poderoso. Recuerda que, para cambiar tu vida realmente, debes comenzar desde donde estás, examinar tu situación actual y arriesgarte a hacer los cambios necesarios. Tómalo como un juego y tu recompensa será una nueva perspectiva creativa de la vida. Toma pluma y papel para anotar lo que vayas observando:

Considera tu situación actual como si la vieras por primera vez.

No asumas que ya lo sabes todo y cuestiónala radicalmente, con la valentía de un niño; sin miedo de que aparezcan respuestas que no sean de tu agrado.

Pregúntate a ti mismo, ¿qué está pasando aquí realmente?

- ¿Cómo está afectándote a ti y a la situación que quieres cambiar de manera creativa?
- Si tuvieras una varita mágica capaz de cambiar cualquier cosa, ¿qué harías con ella?
- ¿Qué está evitando que las cosas sean como quieres que sean?
- ¿Es posible hacer algo, lo que sea, para eliminar los obstáculos que están cerrándote el camino?
- Obsérvate a ti mismo haciendo lo necesario. Pon atención a lo que ocurre en la mirada de tu mente y escríbelo.
- Si no es posible hacer nada, ¿por qué?
- ¿No existe ninguna otra manera de hacerlo?
- ¿Realmente te beneficiaría cambiar en la forma que deseas?

Si te das cuenta de que va a beneficiarte y estás listo para hacer lo que hace falta, entonces sigue el consejo creativo del doctor Gerald Epstein, experto en visualización: "Separa tu intención de tu atención". En otras palabras, no te estanques pensando cómo vas a superar los obstáculos que encuentras en tu camino. No interfieras en el trabajo de tu mente inconsciente. Te sorprenderás cuando recibas un relámpago creativo de inspiración que te dé la solución para saber cómo seguir adelante.

Virgo:
MEDITACIÓN DEL PERFECCIONISTA

¿Alguna vez pensaste que no podías hacer algo? ¿Has sentido la necesidad de posponer las cosas por ser demasiado crítico o perfeccionista? Te apuesto a que, lo dejaste a medias hasta que tú o alguien más te convenció de que tal vez sí eras capaz de hacerlo. ¡Y luego lo hiciste!

Los virginianos se dejan llevar tanto por el detalle de las situaciones que a menudo pierden el panorama completo. Incluso olvidan que en el pasado ya han superado su perfeccionismo y han realizado cosas que creyeron imposibles.

Recordemos un momento eventos de este tipo. Recuerda alguna época en la que creíste que no podrías hacer algo, pero luego seguiste adelante y, de un modo u otro, ¡lo hiciste! Recordar épocas como esta puede darnos una inyección de fuerza justo cuando más la necesitamos. Parece fácil, pero funciona.

¿Qué fue lo que cambió? La tarea que tienes frente a ti sigue siendo la misma. Eras la misma persona que hoy eres, ¿o no? Al cambiar de creencias sobre lo que eres capaz de hacer, realmente te vuelves capaz de lograr lo que anhelas. ¡Cambias la forma en la que experimentas tu vida! Si no crees que lo que hiciste fue algo poderoso, recuerda los muchos casos documentados de personas que han levantado objetos increíblemente pesados para rescatar a gente atrapada debajo de ellos.

Cuando se encontraron desbordados por emociones poderosas, estos héroes y heroínas "milagrosos" olvidaron por un momento que no podían levantar un auto o una pared colapsada, por lo que fueron capaces de hacerlo. Cuando levantaste sobre ti mismo el "peso" de tus creencias limitantes, las convertiste en el "hecho" de que no pudieras hacerlas; sin embargo, al cambiar de creencias y lograr tu objetivo, rescataste a tu ser interior de debajo de los escombros de tu inseguridad y te uniste a las filas de los superhéroes reales. *El Libro del Tao*, un hermoso y antiguo libro de filosofía china, afirma: "Aquel que conquista a otros es fuerte. Pero aquel que se conquista a sí mismo es realmente invencible".

Libra:
MEDITACIÓN DEL EQUILIBRIO

La meditación del equilibrio para los librianos está diseñada para conectar y equilibrar sus *chakras*, una palabra que significa "ruedas", los siete centros de energía distribuidos por el cuerpo, desde la base de la columna vertebral hasta la coronilla de tu cabeza. A menudo, los meditadores expertos representan a los *chakras* como vórtices de energía. Los altibajos de la vida diaria pueden sacarte de tu balance natural y dejar tus emociones en desequilibrio. Nuestra meditación está diseñada para restablecer la armonía.

Toma algunas respiraciones profundas y ponte cómodo. Luego, cierra los ojos y visualiza con el ojo de tu mente el número uno. Imagínalo de color rojo brillante. Inhala lentamente ese ardiente color rojo mientras cuentas hasta seis, mantenlo en tu mente durante tres tiempos y luego exhala lentamente en seis tiempos.

Mientras sostienes la respiración contando hasta tres, observa el número dos de color naranja. Ahora respira el color naranja durante una cuenta de seis, mantenlo durante tres y luego exhala lentamente en una cuenta de seis.

Mientras sostienes la respiración contando hasta tres, observa el número tres de color amarillo. Inhala con una cuenta de seis, mantenlo dentro durante tres, y exhala nuevamente durante seis.

Mientras sostienes la respiración contando hasta tres, observa el número cuatro de color verde, el color de la sanación. Inhala lentamente, mantenlo y exhala.

Mientras sostienes la respiración contando hasta tres, observa el número cinco en un hermoso color azul cielo. Inhala lentamente, mantenlo y exhala.

Mientras sostienes la respiración contando hasta tres, observa el número seis en color índigo profundo. Inhala lentamente, mantenlo y exhala.

Mientras sostienes la respiración contando hasta tres, observa el número siete en un bello púrpura. Inhala lentamente, mantenlo y exhala.

Ahora has equilibrado tus centros de energía para sentirte relajado y renovado.

Escorpio:
MEDITACIÓN DEL DESAPEGO

Al aprender a sentir el poder para controlarnos a nosotros mismos en el momento presente, podemos extender ese poder para tocar todas las áreas de nuestra experiencia.

Pero, si tu momento presente es una época de trauma o de crisis, ¿entonces por dónde empezar? Justo desde donde estás. Paramahansa Yogananda, autor del clásico *Autobiografía de un Yogui* y el primer maestro hindú en llevar la sabiduría de la filosofía de su país a los Estados Unidos y Europa, escribió: "Las épocas de fracasos son las mejores para plantar las semillas del éxito". Por extensión, las épocas de crisis son las mejores para plantar las semillas de los buenos tiempos.

No tienes por qué rumiar una y otra vez todos los problemas que quieres resolver. Los problemas tienen una forma de instalarse y resolverse cuando estés mejor preparado para lidiar con ellos, así que deja que tus problemas se las arreglen sin ti por un tiempo.

Ahora bien, debes darte cuenta de que tomó bastante tiempo para que las cosas llegaran a ser como son actualmente y que va a tomar un tiempo más para que mejoren. Pero van a mejorar, ¡puedes apostarlo! No puedo repetir suficientes veces lo importante que es simplemente creer que puedes cambiar tu experiencia de vida. Debes estar dispuesto a dejar entrar en tu sistema de creencias (aquello que crees que es verdad) el hecho de que puedes cambiar tu vida. Puedes hacerlo, punto. No es sencillo pero puede hacerse. De hecho, te apuesto a que ya lo has hecho antes en algún momento de tu vida.

Si realizas la siguiente invocación con una convicción firme, sentirás inmediatamente la amorosa atención y cuidado del Gran Espíritu o de aquello en lo que tú creas y cuya función es animar todo en la vida:

Cierra tus ojos y respira profundamente. Siente cómo tu cuerpo se va relajando poco a poco. Inhala por tu nariz mientras expandes el vientre y luego exhala lentamente a través de la boca. Repite esto seis veces. Visualiza que eres un ave dentro de una jaula cerrada. De pronto, te das cuenta de que la puerta está entreabierta. Puedes abandonar la jaula por tu propia voluntad cuando quieras. ¿Tienes miedo de volar, de ser libre, es más cómodo permanecer dentro?

Repite estas palabras, ya sea en voz alta (si estás a solas), o bien en silencio:

"Gran Espíritu, por favor ayúdame. Mis ansiedades me rodean buscando atraparme. Mi dolor me aplasta. Libérame y concédeme la libertad de volar y dejar ir todas las trampas que me encierran".

Sigue respirando profundamente, a medida que sientes cómo tu espíritu vuela libre hacia la luz de la Expansión y la Liberación. Abre tus ojos y concédete a ti mismo unas vacaciones lejos de tu dolor.

Sagitario:
MEDITACIÓN DE LA COMIDA

Cuidar, consolar y estabilizar a los demás es importante en épocas de caos e incertidumbre. Ser creativo le da a tu mente un descanso del estrés y genera espacio para alimentar tu alma y la comunión con el espíritu. La verdadera meditación te permite "estar" presente, y estar presente mientras cocinas y comes es una práctica muy satisfactoria que te hará feliz a ti y a los demás.

La Meditación de la comida se trata de conectar con tu ser interior, reconociendo lo hermosa, preciosa y sagrada que es la vida. Se trata de tu conexión profunda con el mundo natural que hace posible y sostiene la vida. Y se trata de la necesidad de detenerse, recalibrar y enfocar la atención en las muchas formas de cuidado, alegría y luz que proporcionan cocinar y comer.

Aquí hay ocho consejos para meditar mientras comes, cocinas y recibes visitas:

1. Utiliza recetas de la estación que estés transitando, que vayan de acuerdo con tu personalidad y con el gusto de tus huéspedes.

2. Asegúrate de tener todo lo necesario para preparar la comida: ingredientes, equipo y utensilios.

3. Toma algunas respiraciones profundas y comienza. Que la cocina sea tu única ocupación mientras permanezcas en ella.

4. Realiza un paso y una tarea a la vez antes de comenzar la siguiente.

5. Incorpora la preparación, la limpieza e incluso el tararear alguna canción a tu práctica de meditación en la cocina.

6. Concéntrate en la tarea que estás haciendo.

7. Prepara la mesa con tanto esmero como los alimentos. Deja que tu intuición e imaginación te guíen en la elección de colores y accesorios. Las flores pueden levantar tu espíritu.

8. Lávate las manos. Enciende una vela en un soporte seguro y a prueba de incendios. Bendice tus alimentos. Siéntate y disfruta cada bocado, textura y sabor, además de la compañía de tus invitados. Inhala. Exhala. Siente cariño y agradecimiento.

Por favor, toma nota: nunca dejes una vela encendida sin supervisión.

Capricornio:
MEDITACIÓN DE LA RESPONSABILIDAD

Por lo general, puedes identificar las áreas de tu vida que necesitan algunos ajustes porque son fuente de dolor, sufrimiento y, algunas veces, de bastante aburrimiento, ya sea para ti o para aquellos que están cerca y se preocupan por ti. Todo aquello relacionado con estas áreas sigue sin funcionarte, no importa cuánto lo intentes. Incluso puedes sentirte literalmente "harto y cansado" de "chocarte contra la pared".

Pero el dolor también puede ser un reflector que ilumina áreas de nuestra vida que requieren cuidado y trabajo. Y justo como ese reflector, debemos concentrar nuestra luz (la luz de nuestra conciencia) en esas zonas dolorosas, porque ese es precisamente el tipo de luz que puede sanarlas.

A medida que confrontas con honestidad esas áreas de tu vida que necesitan trabajo, es muy importante que asumas parte de la responsabilidad de lo que te ha ocurrido en el pasado. Hacerte responsable de tu vida es admitir que tienes el poder sobre lo que ocurre en ella.

Así que, siéntate un momento y toma nota de tu situación actual. ¿En dónde estás parado? ¿Cuál es el problema? ¿Qué debes hacer para corregirlo? Debes focalizarte en el momento actual porque el presente es el único lugar donde se concentra tu poder. El pasado está más allá de tu control y el futuro está... bueno, en el futuro. Pero sí que puedes cambiar el futuro al vivir y actuar con conciencia en el momento presente. Al sentir tu propio poder para controlarte a ti mismo en el momento presente, puedes extender ese poder para afectar positivamente todas las áreas de tu experiencia.

Acuario:

MEDITACIÓN DE LA LIBERTAD

Cuando nos sentimos estresados, rebasados o abrumados, nos movemos en nuestros niveles energéticos más bajos: enojo, vergüenza, miedo y baja autoestima. Si miramos hacia adentro conscientemente y nos calmamos a nosotros mismos con afirmaciones positivas, meditaciones y visualizaciones, podemos aumentar nuestra capacidad de asimilación, de modo que podemos lidiar mejor con nuestros problemas y conectarnos con un flujo claro y saludable de energía que libere nuestros circuitos de sus bloqueos. Este proceso nos ayuda a sentirnos en control de nuestro destino.

Estar completamente presentes es el objetivo principal de la meditación: ser conscientes de nuestros pensamientos y del estado de nuestra mente. Esa es la única forma en la que podemos deshacernos de cosas que se vuelven patrones negativos que nos devoran, lastimándonos a nosotros y a nuestra psique.

Las preocupaciones ocurren cuando el análisis deja de ser científico y nos apegamos mental y emocionalmente a un resultado en particular que puede o no ocurrir. Nos volvemos impacientes e irracionales porque solamente la experiencia y el tiempo revelarán si lo que deseamos que ocurra, en efecto ocurrirá.

Cuando eres consciente de estar en sintonía con el universo, sabes que todo tiene su momento, su ritmo y sus ciclos. Sin embargo, en nuestra dimensión, estos procesos no comienzan y terminan, sino que son parte de una espiral que nos lleva más arriba o abajo en nuestro camino de evolución y crecimiento.

He aquí una idea: ¿Qué pasaría si, solamente por un día, evitaras preocuparte por lo que está mal o por lo que crees que está mal? Incluso si estás en una situación desesperada, y yo he estado en muchas, preocuparte no va a ser de ayuda. Concéntrate en permanecer en un estado positivo, de agradecimiento y apertura a nuevas posibilidades y oportunidades. Si te preocupas, no verás tan claramente tu camino para obtener el éxito en tus propios términos y en cantidad suficiente.

Los tiempos difíciles son aquellos donde las pequeñas cosas pueden ser muy importantes. Las pistas útiles sobre cómo comportarte y qué hacer después se pierden fácilmente cuando te sientes abrumado por las preocupaciones y los problemas inminentes que pueden o no estar amenazándote en realidad.

Cada uno de nosotros tiene experiencias en la vida que nos enseñan las lecciones de lo que nos gustaría aprender. Depende de ti decidir qué puedes aprender de tu experiencia presente. Si gastas tu valioso tiempo pensando en lo que te enoja, estás desperdiciando tiempo que podría ser de mayor provecho ayudándote a construir un mejor futuro posible.

La preocupación está en la base de nuestro apego por saber cómo van a resultar las cosas. La manera de equilibrar la preocupación es, primero, reconocer que nuestro deseo natural es evitar el dolor. La preocupación es como un amigo con buenas intenciones que sigue rompiendo lo que trata de arreglar, por lo que, si le permitimos seguir y seguir con lo que hace, él o ella terminará con una pila de partes de un todo que ya no funcionará más.

Si no puedes ni siquiera tomarte un día libre de la preocupación, entonces siéntate cómodamente y repite la frase "me alejo de las preocupaciones", hasta que te permitas dejar de preocuparte durante algunos minutos. Luego de hacer eso, puedes dejar que la preocupación aparezca nuevamente y agradecerle por su intento de ayudarte. De este modo, le permites a las preocupaciones servir a su propósito legítimo y no te sentirás mal cada vez que notes que estás preocupado. Procura estar en el momento presente practicando la meditación, la respiración y la conciencia plena.

Piscis:
MEDITACIÓN DE LA SENSIBILIDAD

Una de las razones por las que mucha gente parece insensible ante el dolor humano es por la gran cantidad de este (ya sea real o simulado) que vemos a cada minuto, cada día, en nuestros propios hogares, incluso en nuestras pantallas. Luego de estar expuestos largamente a ese dolor, nuestra mente inconsciente anestesia los sentimientos naturales que se producen frente al dolor de los demás.

Recuerda que tu mente inconsciente responde a las imágenes y emociones que sientes con fuerza, ya sea que las provoque tu experiencia o tus creencias sobre tu experiencia. Tu mente inconsciente también es la fuente de tus respuestas instintivas.

Es muy importante recordar que tu mente inconsciente responde a la película y a las escenas que observas exactamente de la manera en la que respondería a las situaciones que de hecho vives en la vida real. Asume seriamente tus reacciones y se programa a sí misma para cumplir tus deseos, ya sea que quieras repetir experiencias placenteras que sentiste profundamente, o para protegerte de experiencias poco agradables.

Por esta razón, debes tratar de ser consciente de las imágenes que le envías a tu mente inconsciente a través de las series de televisión y las películas que miras. Estas imágenes pueden causarte bastante confusión, a menos que seas consciente de lo que estás haciendo y que te comuniques con tu mente inconsciente a través de la siguiente meditación, una práctica que ha superado la prueba del tiempo durante miles de años e incontables practicantes, demostrando su capacidad de contrarrestar los efectos de la vida diaria en nuestras naturalezas sensibles.

Siéntate cómodamente en un lugar donde no te interrumpan durante cinco minutos. Ahora toma tres respiraciones profundas, inhalando y exhalando. A la tercera exhalación, libera el aire en forma del sonido *Om*. Este es un sonido antiguo y sagrado para el hinduismo, el budismo y el jainismo. Lo utilizaremos en esta meditación para ir más allá de las palabras, más allá de la forma, y más allá del alcance de cualquier cosa que pueda distraernos del hecho científicamente probado de que todos somos uno. La fórmula de Einstein, donde E=mc2, probó que toda la materia es energía. Cuando recitas *Om* mientras inhalas y exhalas, sin concentrarte en nada más que en ese sonido, limpias tu naturaleza sensible.

12

Respiración y afirmaciones

Vamos a aprender cómo usar la respiración y las afirmaciones positivas para alcanzar el muy anhelado estado de relajación. Se sabe que la mejor manera de aprender algo es colocándonos en un estado de atención relajada. De otro modo, la tensión y la ansiedad pueden evitar que incluso los estudiantes más dedicados absorban y retengan cualquier fragmento de conocimiento, que habrían aprovechado mejor si hubiesen estado en un estado de calma.

La forma en la que respiramos se parece mucho a la forma en la que vivimos nuestras vidas: podemos dejarnos llevar por la inercia de respirar automáticamente o podemos intentar oxigenarnos de manera consciente para llevar nuestro cuerpo y mente hacia la armonía natural con nuestro espíritu.

La respiración es el ejemplo más obvio de cómo nuestra mente puede influir en nuestro cuerpo. Incluso nuestro estado de ánimo se refleja involuntariamente en la forma en la que respiramos. Si nos sentimos ansiosos o agitados, tendemos a respirar de manera rápida y superficial, lo que es un reflejo físico de nuestra agitación emocional. Nuestra respiración es calma cuando nos sentimos tranquilos y es mucho más profunda y lenta cuando estamos más relajados, es decir, mientras dormimos.

Existen pruebas de que, si colocas tus músculos faciales imitando una sonrisa, aunque te sientas triste, comenzarás a sentirte un poco más feliz. Tu cuerpo también comenzará a experimentar los muchos beneficios que obtiene cuando algún recuerdo o experiencia placentera te hace sonreír. De manera similar, y dado que nuestra respiración es el único de nuestros procesos internos en el que podemos ejercer cierto nivel de control consciente, podemos llevarnos hacia un estado de relajación a través de respirar como respiraríamos en un momento de máxima relajación: profunda y lentamente.

A medida que realices tus ejercicios de respiración diariamente y de manera constante, podrás observar muchos efectos que cambiarán tu vida. Todo lo que se necesita es un poco de concentración. Muchas veces olvidamos escuchar esa voz interior que nos conecta con lo divino. Cuando respiramos de manera consciente, con amor y confianza, recuperamos nuestra conexión con esa chispa divina de saber y de ser.

La imaginación nos otorga la capacidad de crear un mejor cuerpo y un mejor mundo para que ese cuerpo exista. La visualización consiste en observar una imagen mental de lo que estás tratando de alcanzar para ayudarte a traerla efectivamente a la realidad. Imaginar o recordar un evento escalofriante puede ponerte bajo tensión. Imaginar un hermoso paisaje con la fuerza de tus cinco sentidos puede contrarrestar los efectos negativos del estrés al colocarte en un estado de relajada concentración. Esta es "la zona" en la que ocurren de manera óptima el aprendizaje, el análisis y la planificación.

EJERCICIO DE RESPIRACIÓN BÁSICO:

Siéntate cómodamente en un lugar donde nadie te interrumpa. No uses ningún tipo de ropa que sea apretada o que restrinja tu movimiento.

Inhala lentamente por la nariz mientras imaginas con el ojo de tu mente que tu diafragma se curva hacia abajo a medida que tus pulmones se llenan con el aire que da la vida y tu estómago presiona ligeramente hacia afuera como un globo que se expande. Continúa dejando entrar el aire y deja que llegue a la mitad de tus pulmones a medida que expandes tu caja torácica. Completa tu inhalación levantando el pecho (no tus hombros) cuando llenes por completo tus pulmones. Mientras inhalas, debes contar del uno al seis.

Si te sientes cómodo haciendo esto, sostén la respiración durante una cuenta de tres, la mitad de lo que te llevó inhalar completamente. Durante las primeras veces que realices este ejercicio, sostener la respiración puede resultarte incómodo. En un principio, intenta mantener la respiración durante un segundo, antes de exhalar. Realiza esto hasta que te sientas cómodo. Entonces podrás intentar sostener el aliento durante dos segundos antes de exhalar. Haz solamente lo que te resulte cómodo. Puedes incrementar el tiempo gradualmente, siempre y cuando te asegures de no lastimarte ni hiperventilarte. Bajo ninguna circunstancia debes sostener el aliento por más de tres segundos entre una inhalación y una exhalación, al menos no durante los primeros meses.

Ahora, exhala a través de tu boca durante el mismo tiempo que te llevó inhalar. Comienza tu exhalación comprimiendo lentamente el estómago mientras imaginas que tu diafragma se curva hacia arriba, sacando el aire de tus pulmones. Continúa exhalando a medida que contraes la caja torácica y tu pecho desciende.

Espera tanto tiempo como necesites antes de comenzar tu siguiente respiración. Al principio no serás capaz de esperar nada y eso está muy bien. A medida que te acostumbres a este ejercicio podrás incrementar gradualmente el tiempo que puedes esperar entre respiraciones de una cuenta de seis, incluso tanto como te llevaría un ciclo completo de inhalación y exhalación. Entonces serás capaz de alcanzar un estado incluso más profundo de relajación.

Continúa respirando de esta manera durante algunos minutos. Al principio puede distraerte la idea de respirar correctamente, pero te aseguro que va a pasar. Cuando estés cómodo con este ejercicio y ya no tengas que concentrarte únicamente en la técnica, comenzarás a darte cuenta de que tu mente ya está ocupada en su habitual diálogo interior. Cuando notes que haces esto, simplemente observa cada idea desde una perspectiva lejana, déjala ir sin explorarla a fondo y vuelve a concentrarte en tu respiración.

Luego de haberte relajado y una vez que hayas hecho el ejercicio de respiración para tu signo solar, estarás preparado para lidiar con prácticamente cualquier cosa.

Estos doce rituales de afirmación y respiración específicos para cada signo pueden realizarse cuando te sientas ansioso, tenso o enojado o bien al experimentar mucho estrés. También serán de utilidad cuando necesites prestarle mucha atención a algún asunto, ya sea porque necesitas aprenderlo o recordarlo.

Al igual que podemos cambiar nuestro estado de ánimo tomando el control de nuestra respiración, estos rituales de respiración nos ayudarán a prepararnos para tomar el control de nuestras vidas.

ARIES

El niño que fuiste todavía vive dentro de ti y necesita jugar y sentirse seguro.

"Dejo entrar en mí la inocencia de una mente de niño que lo ve todo como si fuera la primera vez. Estoy lleno de una alegría pura y de sed de vivir. Exhalo la ilusión de la edad".

TAURO

La concentración y la claridad provienen de la práctica de enfocar tu atención.

"Dejo entrar en mí la disciplina para que fortalecer mi cuerpo, mi mente y mi espíritu sea un ritual diario y agradable. Estoy lleno de determinación. Dejo salir la procrastinación y la distracción".

GÉMINIS

Podemos aprender mucho de cualquier persona y cualquier situación, incluso de las "trampas" que intentan aprisionarnos.

"Dejo entrar en mí la sabiduría que el flujo de la naturaleza me ofrece. Estoy lleno del deseo de aprender todo lo que pueda sobre la vida y sobre mi lugar en ella. Dejo salir la ignorancia".

CÁNCER

Si tu base principal de operaciones está segura, te sentirás cómodo sin importar donde estés.

"Dejo entrar en mí la sensación de estar seguro y protegido. Estoy lleno de seguridad en mí mismo y esto me permite amar y aceptar a otros. Dejo salir la inseguridad".

LEO

La creatividad nos permite enfrentarnos ingeniosamente a los desafíos de la vida.

"Dejo entrar en mí la energía para crear y renovar mi cuerpo y mi alma. Tengo plena capacidad de aprender disciplinas útiles que puedan ayudarme a sanar mi mundo. Dejo salir el miedo a ser juzgado".

VIRGO

Todo con moderación, nada en exceso; este es el modo de vivir una vida de calidad y llena de sentido.

"Dejo entrar en mí la perfección de la tierra, del agua y del cielo. Estoy lleno del Gran Diseño de la naturaleza. Dejo salir mis tendencias autodestructivas".

LIBRA

La belleza se encuentra en el amor que intercambian entre sí todos los seres.

"Dejo entrar en mí los hermosos colores, fragancias y formas que me rodean. Estoy lleno de belleza, que es mi derecho de nacimiento. Dejo salir la voz del crítico que dice que las cosas no son perfectas".

ESCORPIO

Cada vez que nos transformamos, el mundo entero se transforma.

"Dejo entrar en mí la capacidad de ver lo que está bien en mi vida y lo que necesita cambiar. Estoy lleno de valor y de la emoción que todo cambio trae consigo. Dejo salir mi miedo a dejar ir".

SAGITARIO

Cada paso en el camino de la vida es una aventura importante.

"Dejo entrar en mí el placer y la conciencia ampliada que acompañan mis viajes. Estoy lleno de la energía infinita que anima mi vida y todo lo que me rodea. Dejo salir el miedo a la novedad".

CAPRICORNIO

Cuando la vida nos abruma es tiempo de salir y tocar la tierra para reconectarnos y restablecer nuestra unidad esencial con la naturaleza.

"Dejo entrar en mí el consuelo de la Madre Tierra. Estoy lleno de una conexión con el centro de la Tierra. Dejo salir la ansiedad".

ACUARIO

Un amigo querido vale mucho más que todas las posesiones terrenales.

"Dejo entrar en mí la amorosa amistad que vuelve tolerables los desafíos de la vida. Estoy lleno de amor, luz y alegría para compartir con mis amigos. Dejo salir la soledad y la desconfianza".

PISCIS

Cuando despertamos nuestra capacidad para crear nuestra propia realidad, todos nuestros sueños son posibles.

"Dejo entrar en mí la manifestación de todos mis deseos. Estoy lleno del conocimiento de que mis sueños pueden volverse realidad. Dejo salir la duda y la desesperanza".

13

Consejos de belleza

A menudo decimos que la belleza está en los ojos de quien la mira. Pero también existe una conexión entre la belleza y el bienestar. Y la conexión entre nuestra mente y cuerpo es un aspecto importante de nuestra belleza. Cuando nos sentimos ansiosos, tristes, o cansados, nuestra piel pierde brillo y energía. La piel es el reflejo de nuestra vida. A continuación, te daremos algunos consejos de belleza a través de los ojos del zodiaco.

ARIES

La velocidad de tu rutina de belleza es importante. Eres demasiado enérgico como para amarrarte a un solo producto de belleza o a una sola forma de cuidar tu piel. Te gusta probar cosas nuevas. Buscas la variedad en todo: utilizar diferentes mascarillas faciales es perfecto para Aries, ya que este signo gobierna sobre la cabeza y el rostro, además de que le permiten relajarse por un minuto. Y es que se necesita una mascarilla de acción rápida que pueda seguirle el paso a un ariano. Elige aquellas que estén libres de parabenos, de gluten y de fragancias añadidas.

TAURO

Te gusta apegarte a un sistema. Te vuelves bastante celoso de tus hábitos y no puedes tolerar la menor desviación: primero limpiador, luego tónico, después suero, crema hidratante y crema para los ojos. ¡No olvides la crema para el cuello! Podría servirte cambiar un poco de rutina. Tiendes a acumular y comprar demasiados productos para la piel, para el cabello y para las uñas, así como maquillaje, ya que estás enamorado de la belleza.

GÉMINIS

Los geminianos se dejan influir por los influencers. Para ti la belleza es un juego. Ansías encontrar el producto perfecto: algo con doble función, útil tanto para el día como para la noche, para las mejillas como para los labios. Una vez que encuentras eso que te encanta, tu genialidad para compartir información lo vuelve popular. Puedes intentar el maquillaje con aerógrafo o algún tratamiento que involucre cosas divertidas, como burbujas.

CÁNCER

Tiendes a comprar un producto cuando te toca emocionalmente. Tienes una respuesta a las vibraciones del color, así como a los diseños estimulantes de los productos de belleza. Los productos utilizados para exfoliar la piel también te llaman la atención. Tu gabinete está lleno de productos que funcionan mejor durante la noche. También es importante para ti comprar productos que no hayan sido probados en animales.

LEO

El drama es clave. Adoras sentir que estás en un desfile, siempre listo para el espectáculo. Una salida sin buena música ni maquillaje glamoroso es tan insípida como una ensalada sin aderezo. Haces todo lo posible para descubrir los mejores productos de alta gama de belleza, sin importar dónde se encuentren. Puedes sentirte especialmente atraído por los productos que brillan, pues enfatizan tu propio brillo.

VIRGO

La distinción es tu mejor habilidad. Eres un perfeccionista y gracias a tu facultad de analizarlo todo minuciosamente, eliges con cuidado lo que compras y lo que pones sobre tu rostro. Te interesan los productos orgánicos con elementos herbales. Rara vez te dejas engañar por las promesas milagrosas gracias a tu detector de mentiras integrado. Los jabones hechos a mano y los champús naturales que no contienen conservantes químicos te sientan bien.

LIBRA

Posees un gusto innato para todo lo que tenga que ver con la belleza. Tu valor por lo bello te hace buscar productos útiles, benéficos y atractivos que te ayuden a verte mejor de lo que te sientes. La confianza es importante para ti. Eres fiel a tu rutina de belleza y leal a tus marcas. ¡Es lo que te lleva al equilibrio! Cuando sales de compras tienes un excelente sentido de la ética y de los valores materiales. El nivel de pH de la piel se refiere a qué tan ácida o alcalina es esta. Intenta utilizar sistemas de cuidado cutáneo diseñados para mantener el equilibrio en el pH de tu piel.

ESCORPIO

Con los escorpianos todo se trata de pasiones. Tiendes a confiar completamente (¡y a obsesionarte!) en un solo producto de belleza, cuidadosamente elegido. Tu rutina de belleza puede ser un verdadero tornado. Tu naturaleza observadora e intensa exagera las fallas y defectos menores, para los que siempre estás buscando soluciones. Deja que tu corazón te guíe mientras compras: adoras todo lo espléndido y lujoso. Te encantaría tener un rodillo de jade, un tradicional producto chino de belleza.

SAGITARIO

Te entregas celosamente al cuidado de la belleza. Tu gusto está orientado por tu pasión por la naturaleza y el aire libre. No dudas en cambiar de opinión cuando encuentras algo más atractivo. Cuando vas de compras, en el fondo eres un cazador que disfruta de la emoción de la cacería. Un producto muy versátil e ingenioso podría mantenerte interesado: algo a prueba de agua o a base de minerales, que mejore y restaure las defensas naturales de la piel.

CAPRICORNIO

La utilidad es fundamental para un capricorniano. Consideras importante el cuidado personal y te esmeras en mejorar la salud de tu piel. Sin embargo, tus ganas de ahorrar te llevan hacia los productos de menor precio, si te convencen de que pueden producir los mismos resultados que otros más costosos. La lógica es un rasgo destacable de tu personalidad. Así que, ya sea que estés luchando contra las arrugas, las espinillas o las manchas en la piel, siempre buscarás la eficiencia en tus productos de belleza.

ACUARIO

Mientras otros deben luchar y estudiar durante años para obtener las mejores técnicas y secretos de belleza, tú pareces haber adquirido el conocimiento, la habilidad y la información sin haberte dado cuenta. Tu apariencia siempre es la más moderna posible e incluso podría decirse que está adelantada a su época, por lo que siempre estás buscando los productos más avanzados: algo revolucionario para remover toxinas o puntos negros. Debido a que nada puede limitarte, lo que tu piel necesita cambia y evoluciona, y debes tomar esto en cuenta al elegir un tratamiento de belleza. Por eso, siempre tienes en mente muchas opciones.

PISCIS

Eres un soñador y a veces un romántico poco práctico cuando se trata de belleza. El lado caprichoso de tu naturaleza puede acarrear tentaciones, pero tu sentido innato de la verdad no podría tolerar tales complacencias durante mucho tiempo. Déjate guiar por tu amor intuitivo por lo más fino y no quedarás decepcionado. Las algas son un excelente humectante natural que mejora la función de barrera de la piel y ayuda a retener el agua. Además, te encantaría tener una paleta de ojos con los colores del arcoíris.

14

Colores de sanación

El color es una fuerza poderosa, la manifestación visible de la vibración atómica y la absorción de energía. Utilizar el color correctamente puede mejorar tu apariencia, tu vida familiar y tu lugar de trabajo. El color adecuado estimula vibraciones capaces de disolver enojos, cambiar el tono de las reuniones de trabajo y acentuar la belleza natural de muchas formas mágicas. Sin los colores el mundo sería aburrido. Gracias a ellos, todo es posible.

El color es vibración, la energía básica subyacente a toda la creación. El color es un ingrediente esencial en nuestro medio ambiente diario. No solo es capaz de comunicar emociones y crear estados de ánimo, sino que también tiene el poder de afectar nuestros niveles de energía. Es por ello que observar y experimentar intensamente un color son dos experiencias virtualmente inseparables, porque mucho de lo que vemos, lo sentimos también en niveles más profundos. La gente reacciona a los colores porque evocan emociones y experiencias personales.

¿Cuáles son tus colores astrológicos de la suerte? Si ya los conoces, ¡genial! Utiliza "nuestros" colores de todas las maneras posibles. Cuando uses ropa de tus colores correspondientes, tendrás mucha mayor confianza en ti mismo que si usaras cualquier otro color. La cantidad y calidad de tu trabajo van a mejorar. No utilices tus colores astrológicos solo para vestirte: rodéate de ellos tanto como puedas. Todos seleccionamos ciertos colores de manera intuitiva por los efectos sanadores que tienen sobre nosotros.

Medita sobre un color específico para recibir sus beneficios. Aclara tu mente, realiza algunas respiraciones profundas y observa fijamente un objeto del color que hayas elegido. Deja entrar ese color junto con tu respiración hasta que casi puedas sentirlo filtrándose por tus poros. Repite este ritual siempre que sientas que necesitas una "infusión de color psíquica" para traerte salud, felicidad, prosperidad y todas las cosas buenas de la vida.

ARIES: ROJOS (TODA LA GAMA)

El rojo significa seguridad y valor. Inspira audacia tanto en el pensamiento como en la acción. Existe una fuerte conciencia del cuerpo físico. A veces puede haber tanta pasión en su energía que se la puede percibir como agresión. El rojo puede usarse para fortalecer el cuerpo, así como para fomentar la fuerza de voluntad y el valor. Usa el rojo para estimular la vitalidad.

Un hechizo simple para el rojo: para inspirar cierto sentido de valor, utiliza un accesorio rojo. Aunque el color no sea visible inmediatamente para otros (si lo usas en una prenda de lencería, un pañuelo o en tu billetera) tú sabrás que llevas contigo una gota de rojo y, como resultado, te sentirás más valiente.

TAURO: VERDE PRIMAVERA, ROSA

El rosa es el color de la felicidad personal. Este tono tan suave y brillante al mismo tiempo refleja optimismo, una actitud juvenil y la capacidad de correr riesgos. Significa romance. Tiene la habilidad de traer perspectivas frescas a cualquier panorama. El rosa puede usarse para mejorar la autoestima y para darle la bienvenida a la alegría y la belleza. El verde primavera significa crecimiento, equilibrio y armonía.

Un hechizo simple para el rosa: todos necesitan un poco de este color en sus vidas. Crea una "esquina rosa" en tu habitación o baño. Puedes hacerlo utilizando un tazón transparente de cristal, en el que puedes guardar una serie de objetos rosas: piedras, caracoles marinos, incluso dulces. Siempre que necesites una perspectiva más fresca y actual sobre algún asunto, visita tu esquina rosa y recorre los objetos con las manos. Tu punto de vista se renovará.

GÉMINIS: AMARILLO, MULTICOLOR

El color amarillo significa alegría, optimismo e ideas brillantes. Es un color feliz y enérgico que refleja agudeza mental y comunicación. Es la celebración de los días soleados. La energía amarilla está relacionada a la capacidad de percibir y comprender.

Un hechizo sencillo para el amarillo: para producir una sensación de confianza y felicidad lleva joyería de oro amarillo. Si te sientes desgastado y cansado en las últimas horas de la tarde, cuando el sol se ha ido a dormir, siéntate bajo una lámpara con los ojos cerrados. El calor y la luz que se filtran a través de tus párpados cerrados te ayudarán a concentrarte en el poder y la promesa del siguiente amanecer.

CÁNCER: PLATA, MALVA, GRIS

El gris representa el punto medio, ni completamente negativo ni totalmente positivo. Se utiliza en la terapia de color para absorber la energía no deseada del cuerpo. Para las emociones, simboliza la voluntad de retirarse, de aislarse a propósito para encontrar una energía silenciosa y equilibrada. Plata y malva son dos colores de la luna que ayudan a guiar nuestra intuición para tomar mejores decisiones.

Un hechizo simple para el gris: al meditar, imagina tu mente como una pantalla gris donde poco a poco aparecen los mensajes. Gracias a que el gris tiene un efecto relajante y terapéutico, esto calmará tu conciencia, facilitando la llegada de los mensajes.

LEO: ORO, ANARANJADO

El anaranjado es un color alegre, representa la vibrante energía y la curiosidad intelectual. Es el color de la sorpresa y del entusiasmo. Tiene que ver con el humor; usar algo anaranjado puede atraer sonrisas y una sensación de optimismo, estimular la creatividad y la velocidad mental, así como la habilidad de ajustarse a los cambios. Vestirte de naranja durante los momentos de preocupación puede ayudar a equilibrar tus emociones.

Un hechizo sencillo para el anaranjado: Ten siempre un tazón de naranjas sobre la mesa y utilízalas como punto focal durante las mañanas. Su aroma y brillante color son estimulantes. Un vaso de jugo de naranja te propone una forma dulce de empezar el día. Para ayudarte a aprender más fácilmente un tema nuevo, utiliza una libreta anaranjada.

VIRGO: COLOR CUERO, VERDE SALVIA

Clásico y discreto, el cuero sugiere el camino de la moderación, la relajación, la energía sin exigencias y la neutralidad. Si bien puede considerarse que representa una actitud conservadora, significa confianza, cuidado y sentido común. El verde salvia es un color que comunica paz y crecimiento, y habla a partir de la sabiduría de la naturaleza.

Un hechizo simple para el color cuero: toma una taza de arena de tu playa favorita y tamiza las impurezas. Luego coloca la arena limpia en un recipiente decorativo y déjalo sobre tu mesa de noche. Antes de irte a dormir, todas las noches, toma un poco de arena con la mano y luego abre los dedos y deja que caiga en el recipiente, mientras dices: "Que mis opciones y oportunidades sean tan innumerables como estos granos de arena". Luego de un mes, recicla la arena y reemplázala con una porción nueva.

LIBRA: AZUL CLARO, AZUL REAL, BLANCO

Todos los tonos de azul ayudarán a facilitar las comunicaciones, ya sea contigo mismo o con los demás. El azul simboliza la paz y la tranquilidad emocional. También inspira control mental, creatividad, claridad y tiene un efecto pacificador. Simboliza el cielo, la cúpula protectora sobre nuestras cabezas y, por lo tanto, representa el potencial y las oportunidades ilimitadas. El blanco, por su parte, es el emblema de la inocencia y la pureza; además denota autoridad espiritual.

Un hechizo simple para el azul: cuando te sientas estresado, ponte una prenda azul. Evita el azul oscuro o azul marino, ya que cuanto más claro sea el tono de azul que elijas, más cómodo y alegre te sentirás. Meditar con una vela azul antes de acostarte te brindará un sueño reparador.

ESCORPIO: MAGENTA, GRANATE

El magenta es la bandera de las personas innovadoras, de voluntad fuerte, imaginativas, artísticas y creativas. Tiene las cualidades del rojo, más empatía; es una mezcla de pasión y compasión. El magenta es ideal para rituales cuyo fin sean las ambiciones y recompensas financieras. El color granate se usa a menudo para mejorar la confianza, el valor, la fuerza, la calidez y la belleza.

Un hechizo simple para el magenta: para elevar la vibración de tu entorno, incorpora una planta del género fucsias. Coloca una maceta o florero pequeño en la habitación donde pases gran parte de tu tiempo. Un objeto de este color es favorable para usar cuando se intenta hacer contacto con el mundo espiritual.

SAGITARIO: PÚRPURA (TODA LA GAMA)

El color púrpura denota poder, autoridad y fuerza psíquica. En un sentido metafísico, la energía púrpura nos conecta con nuestro guía espiritual, fuente de sabiduría y fuerza interior. El púrpura es un color de transformación, que combate el miedo y la resistencia al cambio. Se utiliza para la meditación y para agudizar la conciencia psíquica, así como la conexión con el Ser Superior y aumentar la imaginación y la inspiración.

Un hechizo simple para el púrpura: adhiere un adorno púrpura en tu espejo o coloca un chal púrpura para decorar una silla. La presencia de este color vibrante en tu vida diaria te recordará vivir el aquí y el ahora, sin renunciar a las verdades espirituales.

CAPRICORNIO: NEGRO, MARRÓN OSCURO, VERDE

El color marrón denota practicidad, simplicidad, humildad y determinación. Es el color por excelencia de la tierra, reflejo de la naturaleza, al igual que el verde. El negro no es realmente un color, sino la ausencia de color. Puede ser desagradable debido a su intensidad pero, en realidad es reconfortante, protector y misterioso. Es bueno para desterrar la negatividad en uno mismo o para combatir la negatividad de una fuente externa. En el nivel práctico, el negro representa seriedad y compromiso con una idea o principio, una obligación total con una causa.

Un hechizo simple para el negro: aquellos que se sienten atraídos hacia el negro pueden ser difíciles de tratar e impermeables al cambio. Para combatir esto, realiza el siguiente ritual. En tu altar o en otra área segura, coloca tres velas (negra, gris o plateada y blanca) una al lado de la otra en soportes o candelabros a prueba de incendios. Cada día enciende una de ellas según el orden de ubicación. Al encender la vela negra solo una vez cada tres días, tu mente inconsciente se acostumbrará poco a poco a los cambios.

Por favor, toma nota: nunca dejes una vela encendida sin supervisión.

ACUARIO: AZUL ELÉCTRICO, ÍNDIGO, ULTRAVIOLETA

El índigo es el color del despertar espiritual y la conciencia. Es un tono imaginativo, intuitivo y místico. Inspira la sensibilidad a la belleza, la armonía y la compasión por los demás, además de facilitar los sueños lúcidos y otras habilidades del sueño, como la resolución de problemas. La energía ultravioleta fortalece la intuición y nos conecta con un reino espiritual superior. Su vibración sutil puede ser útil para la percepción extrasensorial, como la telepatía, la clarividencia e incluso la proyección astral.

Un hechizo simple para el índigo: si tienes un área especial de meditación en tu casa o apartamento, ten siempre un objeto índigo presente en esta área. Una bufanda, una almohada o un objeto decorativo invocarán la energía índigo cuando necesites aprovechar su poder especial.

PISCIS: LAVANDA, AGUAMARINA

Lavanda es el color de la sanación espiritual, capaz de disipar la tristeza, la soledad y la confusión mental. Es bueno para utilizar en un altar ceremonial o en una habitación donde se practican la meditación y los rituales. Aguamarina es un color que transmite serenidad y alegría por igual. Promueve la comunicación clara, la honestidad, la apertura y la necesidad de unir esfuerzos con los demás. Representa la capacidad de transformación, justo como el agua cuando se convierte en hielo y el ciclo vuelve a comenzar.

Un hechizo simple para el color lavanda: si buscas la verdad en un camino espiritual, una ramita de lavanda o un aceite perfumado con lavanda puede ser un recordatorio para mantenerte centrado y enfocado durante tu búsqueda. Llevar un diario de sueños en un cuaderno o libreta de color lavanda también es un recordatorio de la importancia de tu camino espiritual.

15

Consejos de buen descanso

EJERCICIO PARA IRSE A DORMIR:

Cada noche, antes de irte a dormir, trata de perdonar a todos aquellos que te han dañado en el pasado. Comienza contigo.

Perdónate por esos errores que cometiste y que serías capaz de perdonar si otra persona hubiera hecho lo mismo. Es sorprendente que muchas de las peores cosas que pensamos de nosotros, son las mismas cosas que no encontraríamos tan terribles si las vemos en alguien que nos agrada. Debemos querernos y amarnos a nosotros mismos si deseamos poder sentir y aceptar el amor de los demás.

Muchas enseñanzas religiosas tienen el objetivo evitar que nos sintamos excesivamente orgullosos y que nos pongamos por encima del concepto de Dios; por eso les han enseñado a los niños a no amar, no confiar ni perdonarse a sí mismos. Es una lástima. Es necesario volver a una visión más equilibrada de nosotros mismos que incluya el amor propio, la confianza y el perdón. Tal vez nuestra creencia de que todos cometimos un pecado original (lo que nos hace imperfectos y malvados a la vista de Dios) es precisamente lo que nos ha permitido hacer cosas horribles contra nosotros y entre nosotros. Al perdonarte estás dando el primer paso para amarte a ti mismo.

Continúa perdonándote por todas las cosas por las que no te has perdonado todavía. Eventualmente, llegarás a algo que hiciste y no puedes perdonarte. En ese momento, no te exijas y sigue perdonando a los que te han hecho daño. Comienza por tus padres.

Imagina a tu madre como una niña de unos cinco o seis años. Mírala como a una niña no muy distinta de tu propio/a niño/a interior: asustado/a, necesitada de amor pero insegura sobre cómo se obtiene el amor en un mundo tan grande y abrumador como este. Tómala en tus brazos y bríndale consuelo. Limpia las lágrimas de sus ojos y dile que la amas y que siempre estarás allí cuando ella lo necesite. Esa niña necesitaba tanto amor y perdón como tú ahora.

Date cuenta de que era una persona más joven cuando te dio a luz y que, aunque que todo saliera bien para ti, sufría a causa de los errores de su propia vida y de sus propios padres, quienes tampoco fueron otra cosa que seres humanos. Siente cómo te abrazó cuando naciste y experimenta el amor que tuvo por ti en ese momento.

Si ella no estuvo cerca de ti después de tu nacimiento o no te trató bien, debes saber que hubiera querido estar, pero el destino tenía otros planes para ambos. Ahora eres quien eres y, si ella hubiera estado cerca, no serías el mismo o la misma. Perdona a tu madre por todos los errores humanos que cometió en su camino. Intenta sentir que tu perdón limpia tu corazón y pulmones de cualquier dolor que puedan haber estado reteniendo. Observa cómo tu corazón se vuelve dorado y tus pulmones rosados y de aspecto saludable, a medida que el perdón te va limpiando de impurezas.

Ahora imagina a tu padre como un niño pequeño de unos cinco o seis años. Míralo como a un niño no muy distinto de tu niño/a interior, asustado/a, necesitado de amor pero inseguro/a sobre cómo se obtiene el amor en un mundo tan grande y abrumador como este. Cárgalo y consuélalo. Limpia las lágrimas de sus ojos y dile que lo amas y que siempre estarás allí para él. Ese niño pequeño necesitaba amor y perdón, así como lo necesitas tú ahora.

Date cuenta de que él era un joven cuando te engendró y que, aunque solo quería hacer las cosas bien para ti, sufría los errores de su propia vida y de sus propios padres. Recuérdalo cuando te cargó después de tu nacimiento y siente el amor que tenía por ti.

Si él no estuvo cerca de ti después de tu nacimiento o no te trató bien, debes saber que él hubiera querido estar, pero el destino tenía otros planes para ambos. Ahora eres quien eres y, si él hubiera estado cerca o te hubiese tratado de otro modo, no serías el mismo o la misma. Perdona a tu padre por todos los errores humanos que cometió en su camino. Intenta sentir que tu perdón limpia tu corazón y pulmones de cualquier dolor que puedan haber estado reteniendo. Observa cómo tu corazón se vuelve dorado y tus pulmones rosados y de aspecto saludable, a medida que el perdón te va limpiando.

Ahora perdona a todos los que pudieron haberte dañado, así como a todos a quienes no has perdonado por sus errores pasados. Ocasionalmente pensarás en alguien a quien no crees poder perdonar nunca. Te sorprendería saber cuántas de esas personas a menudo se sienten culpables por las mismas cosas que no te perdonas a ti mismo. Procura perdonarte tanto a ti mismo como a esas otras personas: precisamente a las que te son más difíciles de perdonar. Como dice la Biblia, "perdona y serás perdonado." Si eres capaz de perdonar, con toda seguridad serás perdonado y te irás a dormir libre de ese peso.

Edredones para cada signo

ARIES

Aries siempre está en movimiento y las únicas cosas que lo ayudarán a dormir son el agotamiento total o recibir un suave masaje en la cabeza, el cuello y el rostro. A los arianos no les gusta esperar, por lo que desean un edredón que los caliente rápidamente; no necesariamente un edredón eléctrico sino algo hecho de un material como plumas de ganso que capture todo su calor corporal. También debe ser lo suficientemente delgado como para que sea fácil sacar una extremidad o dos afuera, porque Aries odia sentirse atrapado. Otra idea podría ser que descansaras sobre un BioMat® o algo similar, una almohadilla que calienta cristales de amatista y turmalina negra, generando ondas de luz infrarroja lejana que te calientan de adentro hacia afuera cuando te acuestas en él, por lo que no necesitarás nada más que una sábana ligera durante la noche. Para dormir, usa un ajuste de calor bajo; las configuraciones más calientes son excelentes para sesiones de desintoxicación cortas.

TAURO

Lo que ayuda a un taurino a quedarse dormido es una cena espectacular seguida de una sobremesa donde se reconozcan los logros del día. Después, una habitación bellamente decorada con una cama grande y suntuosa para hacer juego, rodeada de algunas de las maravillosas piezas de sus diversas colecciones y recordatorios de los muchos triunfos que ha cosechado en su camino. Su edredón tendría que ser de los mejores materiales, lo más suave y lujoso posible, y preferentemente grueso y pesado. De hecho, probablemente Tauro sea el signo zodiacal al que le gustan los edredones más pesados.

GÉMINIS

La mente de un geminiano siempre está recopilando y procesando información, mirando al mismo tiempo dos o más perspectivas de la misma situación. Su aversión por el aburrimiento puede ser un impedimento para dormir porque, para ellos, estar en calma durante un estado de reposo se parece mucho a aburrirse. Necesitan conciliar la necesidad de calmarse con la emoción de entregarse a la experiencia del mundo de los sueños. Su edredón debe ser ligero, incluso en climas fríos. En realidad, tendrían que tener dos edredones para poder tener suficientes opciones sobre cómo quieren regular la temperatura.

CÁNCER

Los cancerianos necesitan sentir que las personas que les importan están sanas y salvas y, si esto no fuera así, dormir puede ser difícil. Necesitan visualizar a sus seres amados envueltos de amor y protección, y cobijados en el Poder Superior en el que crean. Si hay niños pequeños, sin importar cuál sea tu signo zodiacal, el agotamiento anulará cualquier impedimento para dormir. Los cancerianos necesitan un edredón que les haga sentir una conexión con su pasado, tal vez hecho por un pariente, o que les recuerde un momento feliz.

LEO

Los leoninos duermen cuando quieren dormir, al igual que el león que es el símbolo de su signo zodiacal. Irse a dormir será un evento digno de una crónica, al igual que todo lo que hacen, aunque no les gustan los sueños porque no pueden controlarlos. El problema para Leo es, más bien, despertar; tienen una tendencia a querer quedarse en la cama, lo que le demuestra al mundo que nadie les dice qué hacer. Obviamente, esto puede ser un problema para aquellos que trabajan como empleados asalariados con horario fijo. Necesitan un edredón que sea una declaración de grandeza. No puede tener colores apagados o un patrón sobrio. Piensa más bien en el "edredón de Napoleón" o algo parecido a un escenario.

VIRGO

Los virginianos, al igual que los geminianos, tienen mentes que siempre están corriendo de un lado a otro. Pero mientras Géminis está procesando información, Virgo está preocupado por las consecuencias de casi todo. Para conciliar el sueño, pueden usar mi técnica probada. Respira tranquila y uniformemente cinco veces mientras consideras la verdad subyacente de las siguientes palabras: "No soy mi nombre, soy un espíritu que viaja hacia adelante". Luego repite lentamente cinco veces más: "No soy mi trabajo, soy un espíritu que viaja hacia adelante". Por lo general, se duermen durante la cuarta repetición. Virgo necesita un edredón que tenga un patrón compuesto de secciones pequeñas, cuanto más pequeñas, mejor. Un edredón hecho de retazos de otras colchas y cobijas estaría bien, aunque pensándolo mejor, tal vez esto le gustaría más a un canceriano.

LIBRA

Los librianos buscan la armonía y, si no la consiguen, habrá consecuencias. Así que, si su día estuvo plagado de falta de armonía, podrían tener problemas para conciliar el sueño. Deben elevarse por encima de cualquier situación, como si fueran un águila que se eleva por encima del mundo, y ver que hay armonía incluso en la aparente falta de desequilibrio de la vida cotidiana, y que, en el gran esquema de las cosas, los problemas diarios son solo unos pequeños baches en el camino. Lo mejor para ellos es apagar sus sentidos uno por uno, como en mi técnica de sueño probada para Virgo. Libra necesita un edredón que le resulte hermoso de alguna manera. Debe dejarlo sorprendido cada vez que lo vea o buscará uno nuevo, algo que hace más a menudo que cualquier otro signo zodiacal.

ESCORPIO

Los escorpianos necesitan actividad sexual para ayudarlos a quedarse dormidos. Si no es algo que aplique por el momento, entonces deben saber que los beneficios de dejarse llevar a los brazos de Morfeo pueden incluir una noche de sueños intensos y (como seguramente ya adivinaste) sexuales. Necesitan un edredón que sea sensual de alguna manera, algo que vaya en sintonía con su intensa experiencia de la vida.

SAGITARIO

Los sagitarianos pueden quedarse dormidos utilizando las técnicas de sueño aplicadas por otras culturas (y existen en todas ellas) en otras partes del mundo. Deben investigar cómo duermen y cómo organizan las áreas para dormir, qué utilizan (si es que utilizan algo) como almohada y lo que suponen que sucede con el alma de una persona cuando el sueño la vence. Sagitario disfrutaría de una colcha que le recuerde a una cultura diferente de la suya y con la que sienta afinidad, ya sea mediante un diseño étnico o que sea emblemático de una cultura en particular.

CAPRICORNIO

Los nativos de Capricornio generalmente se quedan dormidos cuando saben que es hora de dormir, por lo regular a la misma hora. Si se interrumpe su rutina de descanso es posible que tengan problemas para dormir. Tienden a ser bastante serios y a ver la cruda realidad que el resto de los signos prefiere evitar, pues suelen preferir la ilusión de que la vida no es tan difícil y corta como de hecho es en realidad. Su tendencia a reflexionar sobre las cosas (y posiblemente a sentirse un poco deprimidos por ellas), especialmente cuando están cansados, sugiere que necesitan un edredón que sea alegre y brillante, incluso un poco parecido al edredón de un niño, aunque su respeto por la tradición y su deseo de ser respetados pueden hacer que utilicen un edredón más tradicional, de alta calidad y de una marca de prestigio.

ACUARIO

Los acuarianos piensan en dormir como el resto de nosotros pensamos en la muerte y, por lo tanto, generalmente no duermen en horarios regulares, cuando las personas suelen dormir. Es posible que se levanten muy tarde y que rara vez se vayan a la cama temprano, a menos que no se sientan bien. Lo que los ayuda a irse a dormir es olvidar que tienen que irse a dormir (odian que se les diga qué hacer) y prefieren llegar al punto del agotamiento extremo antes de acostarse o, de lo contrario, comienzan a volverse ineficientes en sus procesos mentales. Ciertamente les haría bien un edredón caótico y, cuanto más loco, mejor, pero cualquier edredón que sea del pasado o del futuro estará bien para ellos. La verdad es que a realmente no les importan esas cosas, porque dormir no es una de sus actividades favoritas.

PISCIS

Los piscianos siempre están a medio camino entre la vigilia y el sueño, por lo que dormir no suele ser un problema para ellos, a menos que alguien a su alrededor (tal vez alguien con quien mantienen comunicación psíquica, como un hermano o un padre) esté en peligro. Si ese es el caso, entonces tienen que ponerse en contacto con ellos y hablarles antes de poder conciliar el sueño. Pueden ser tan sensibles que incluso si hay alguien en un apartamento vecino que esté molesto, lo sentirán, por lo que necesitan hacer algunos ejercicios de blindaje psíquico como parte de su rutina diaria. Piscis necesita un edredón que sea como el acto mismo de soñar. Tiene que ser una obra de arte de alguna manera y evocar un sentimiento de paz, amor y tranquilidad.

Ideas finales

Las estrellas, los planetas y los cristales se forman gracias al calor y la presión ¡y nosotros también! La vida es implacable, por lo que tu determinación diaria debe ser igualmente implarable para hacer un esfuerzo consciente de alcanzar el máximo nivel de bienestar del que seas capaz. El bienestar ocurre cuando tratamos a nuestro cuerpo, mente y espíritu como los mejores amigos que son; cuando los escuchamos, los mimamos lo mejor que podemos y hacemos todo lo posible para disfrutar de una vida compartida en esa inseparable intimidad.

Cuando se trata de bienestar, la mitad del camino consiste en disfrutar del viaje. Una señal de que estás creando bienestar es la calidad de las personas que atraes hacia ti. Si te encuentras en este camino, es más probable que seas del tipo de persona que puede atraer amigos y socios que puedan aportar a tu nivel de "bienestar vital".

¡El bienestar puede volverse adictivo! Siempre vamos a atesorar el día en el que nuestro médico de cabecera nos dijo, antes de nuestra revisión de rutina, que tenía la fuerte creencia de que nuestros análisis seguirían demostrando lo sanos que estamos, pues el personal de su consultorio siempre tiene nuestras visitas agendadas con antelación y suele contarle que nuestras interacciones con ellos los hacen sentir más calmados y felices. ¡Esa es medicina de calidad!

El bienestar es tan poderoso que incluso puede afectar a gente que jamás has conocido. Tenemos una querida amiga la cual, mientras escribimos esto, está luchando por su vida contra una difícil enfermedad de la manera más noble e inspiradora posible. Hemos tenido familiares cercanos que también nos han mostrado cómo ser fuertes y resilientes frente a los retos de salud dolorosos y amenazantes. Sufrir una enfermedad así o estar con alguien que la padece, refuerza la conciencia de que la vida es preciosa y frágil.

Visitar a nuestra amiga en su apartamento en la ciudad de Nueva York nos dio la oportunidad de conocer a un muy buen hombre que trabaja en el estacionamiento subterráneo de su edificio. Cuando le dijimos a quién íbamos a visitar, suspiró profundamente y nos dijo que, aunque jamás había conocido a nuestra amiga, sabía que debía ser una persona muy especial, porque toda la gente que iba a visitarla era muy amable con él y le hablaban muy bien de ella.

Cuando le contamos esta historia a nuestra amiga se conmovió profundamente y era evidente que la experiencia le estaba dando energía, porque hizo planes para realizar la dura travesía de bajar las escaleras para ir a agradecerle personalmente al hombre por sus buenos deseos.

Sentimos escalofríos al pensar en este hermoso intercambio de amor, la verdadera "vitamina A" y es que parece muy factible que el amor, máxima herramienta de poder espiritual, sea la clave para desbloquear a nuestro sanador interior, al igual que todos los beneficios que brinda el bienestar dentro de cada uno de nosotros. Si crees que no tienes a nadie a quien amar, ni siquiera una mascota, entonces ámate a ti mismo y observa lo que ocurre. Creemos que te llevarás una grata sorpresa.

Cuando utilizas tu potencial creativo para sacar lo mejor de lo que tienes y hacer las cosas de la manera en que te gusta, ya no eres más una víctima. En vez de eso, estás viviendo la vida en plenitud.

Recuerda agradecer y mostrar gratitud a diario por todo lo que tienes. Envía energía sanadora y cualquier tipo de claridad que puedas compartir con el mundo. Mantén tu sentido del humor y tu sentido de la proporción a medida que buscas convertirte en la mejor versión de ti mismo. Pon a cada persona que conozcas en el centro de tu mundo y en el suyo. Muchas bendiciones para ti y que busques y encuentres alegría en cualquier circunstancia.

Sobre los autores

MONTE FARBER Y AMY ZERNER

La inspiradora guía de Monte Farber, autor de diversos libros de autoayuda internacionalmente conocido, brinda nuevas perspectivas a cualquiera que se tope con él. Las exquisitas y exclusivas creaciones de ropa de costura espiritual de Amy Zerner, al igual que sus pinturas y collages en tela, están llenos de su profunda intuición y conexión con las historias arquetípicas y las energías de sanación.

Amy es de Aries y Monte es de Acuario. Durante más de 40 años, han sabido combinar el profundo amor que sienten el uno por el otro con el trabajo de exploración interna y autodescubrimiento para construir **The Enchanted World of Amy Zerner & Monte Farber:** libros de astrología, cartas de tarot y oráculos que han ayudado a millones de personas a encontrar respuestas, a ser más conscientes, a encontrar significados más profundos y a seguir sus propios caminos espirituales.

Juntos han convertido el amor que se tienen en una obra de arte y su arte en el trabajo de sus vidas. Sus títulos más exitosos en ventas incluyen *Karma Cards: A Guide to Your Future Through Astrology, Sun Sign Secrets, Signs & Seasons: An Astrology Cookbook, The Soulmate Path, The Psychic Circle, The Chakra Meditation Kit, The Enchanted Tarot, The Enchanted Spellboard, Little Reminders: The Law of Attraction, Instant Tarot, The Truth Fairy, Tarot Secrets* y *Quantum Affirmations.*

Sus sitios web son www.AmyZerner.com, www.MonteFarber.com y www.TheEnchantedWorld.com

¡Tu opinión es importante!

Escríbenos un e-mail a
miopinion@vreditoras.com
con el título de este libro en el "Asunto".

Conócenos mejor en: **www.vreditoras.com**
VREditorasMexico
VREditoras